Lenny

Zum Lehrgang gehören

Standard-Ausgabe

		Bestell-Nr.
Lesebuch, 194 S., vierf., FeEbd, Beilage „Mein Lese- und Schreibpass“ (16 S., vierf., Stickerbogen)	Print Digital-Lizenz, 15 Monate Print-Plus-Lizenz	2405-90 2405-907 2405-9075
Arbeitsheft zum Lesebuch, 80 S., vierf., Gh		2405-92
Spracharbeitsheft Teil A, Teil B und Teil C, 96 S., 96 S. und 24 S., Gh, Lösungsheft (8 S.), 1 Kartonbeilage, CD-ROM ABC der Tiere 2		2405-91
Sprachbuch, 160 S., vierf., Br, Schutzumschlag, 1 Kartonbeilage, Lösungsheft (8 S.)	Print Digital-Lizenz, 15 Monate Print-Plus-Lizenz	2405-93 2405-937 2405-9375
Arbeitsheft zum Sprachbuch, 80 S., vierf., Gh, CD-ROM ABC der Tiere 2		2405-99
(Das Spracharbeitsheft 2405-91 ist alternativ zum Sprachbuch 2405-93 und Arbeitsheft 2405-99 einsetzbar.)		
CD-ROM zum Lehrgang, Homeversion, Einzellizenz		2405-94
Wortkarten, 320 DIN-A8-Karten, vierf., in 5-Fächer-Lernbox		2405-96
Handbuch zum Lesebuch, methodisch-didaktische Kommentare, Kopiervorlagen, Arbeitsblätter zur Differenzierung, Lösungen, Ringbuch		2405-70
Handbuch zum Sprachbuch und Spracharbeitsheft, methodisch-didaktische Kommentare, Kopiervorlagen, differenzierende Arbeitsblätter, Lösungen, Ringbuch		2405-71
Der Unterrichtsgestalter – ABC der Tiere 2	Test-Lizenz Digital-Lizenz, 120 Monate Digital-Lizenz, 12 Zugänge	2405-7073 2405-7075 2405-7076
CD-ROM in DVD-Box, Lernkontrollen als Word- und PDF-Datei Klasse 1 und 2, Einzellizenz		1405-88
CD-ROM in DVD-Box, Lernkontrollen als Word- und PDF-Datei Klasse 1 und 2, Schullizenz		1405-89
CD-ROM zum Lehrgang, Klassenversion, Einzellizenz (Schullizenz und Onlinelizenz verfügbar)		2405-95
Folien zum Lesebuch und Spracharbeitsheft, inkl. CD-ROM mit den Folien als PDF, Ringbuch		2405-75
Arbeitsblätter zur individuellen Förderung und Differenzierung, Kopiervorlagen, Druckschrift, Ringbuch	Print Digital-Lizenz, 120 Monate Print & Digital	2405-77 2405-777 2405-7774
CD der Lieder und Kontrastpaare, gesungen und als Play-back, 2 Audio-CDs		2405-78

Kompakt-Ausgabe

Lesebuch, 194 S., vierf., FeEbd, Beilage „Mein Lese- und Schreibpass“ (16 S., vierf., Stickerbogen)	Print Digital-Lizenz, 15 Monate Print-Plus-Lizenz	2405-30 2405-307 2405-3075
Arbeitsheft zum Lesebuch, 80 S., verf., Gh		2405-32
Spracharbeitsheft, Teil A und B (je 96 S., vierf., Gh), Beilage, inkl. CD-ROM ABC der Tiere 2 Kompakt, ABC der Tiere 2 – Übungsheft (64 S., vierf., Stickerbogen und Lösungsheft)		2405-31
Wörtertraining zur Textentlastung, 104 S., Kopiervorlagen Lösungen, Spiralbindung		2405-37
Handbuch zum Lesebuch, methodisch-didaktische Kommentare, Kopiervorlagen, Lösungen, Ringbuch		2405-33
Handbuch zum Spracharbeitsheft, methodisch-didaktische Kommentare, Kopiervorlagen, Lösungen, Ringbuch		2405-34
Der Unterrichtsgestalter – ABC der Tiere 2	Test-Lizenz Digital-Lizenz, 120 Monate Digital-Lizenz, 12 Zugänge	2405-7073 2405-7075 2405-7076
Folien zum Lesebuch und Spracharbeitsheft, inkl. CD-ROM mit den Folien als PDF, Ringbuch		2405-35
Arbeitsblätter zur individuellen Förderung und Differenzierung, Kopiervorlagen, Druckschrift, Ringbuch	Print Digital-Lizenz, 120 Monate Print & Digital	2405-77 2405-777 2405-7774
CD der Lieder und Kontrastpaare, gesungen und als Play-back, 2 Audio-CDs		2405-78

ABC der Tiere 2
Lesebuch

Herausgegeben von
Klaus Kuhn

Erarbeitet von
Katrin Herter
Klaus Kuhn
Kerstin Mrowka-Nienstedt

Mildenberger

Die Symbole bedeuten:

Ich – Du – Wir	Eine Aufgabe wird in drei Schritten bearbeitet: a) Arbeite allein an einer Teilaufgabe. b) Arbeite mit einem Partner an einer Teilaufgabe. c) Arbeite mit der ganzen Klasse.
Klassengespräch	Die ganze Klasse spricht über ein Thema und findet gemeinsam eine Antwort.
Partner- oder Gruppenarbeit	Arbeite mit einem Partner oder in einer kleinen Gruppe.
Über Lernen sprechen	Sprecht in der Klasse darüber, wie ihr lernt, was ihr schon könnt oder noch üben müsst.
Lerntagebuch	Schreibe in dein Lerntagebuch. ⇢ S. 19
30 Kreb ein v **Blau markierter Text**	Der blau markierte Text enthält mehr Informationen zur Geschichte oder zum Thema.
Texte mit Stern	Diese Texte sind etwas schwerer.
Tipp **Lesetipps**	Die Lesetipps helfen dir, die Texte besser zu verstehen. Du sollst sie immer wieder anwenden. ⇢ S. 186 ff.
1. **Aufgaben**** im	Anforderungsbereich 1
2. **Aufgaben**** im	Anforderungsbereich 2
3. **Aufgaben**** im	Anforderungsbereich 3

** Die Aufgaben orientieren sich an den Anforderungsbereichen der Bildungsstandards und Lehrpläne der Bundesländer.

Impressum

Bestell-Nr. 2405-90 ISBN 978-3-619-24590-1
erarbeitet von Katrin Herter, Klaus Kuhn und Kerstin Mrowka-Nienstedt nach der Ausgabe „ABC der Tiere 2 · Lesen in Silben – Lesebuch" (2402-90) von Irene Fink, Rosmarie Handt, Katrin Herter, Klaus Kuhn, Kerstin Mrowka-Nienstedt, Edmund Wetter

Auflage 8 7 6 5
Jahr 2024 2023 2022 2021

www.mildenberger-verlag.de
E-Mail: info@mildenberger-verlag.de

Redaktion: Stefanie Drecktrah
Grafik: Mildenberger Verlag GmbH
Druck: optimal media GmbH, 17207 Röbel / Müritz
Gedruckt auf umweltfreundlichen Papieren

Markieren die farbigen Silben die Worttrennung?

Die farbigen Silben zeigen die Sprech-Silben eines Wortes an. In den allermeisten Fällen ist das identisch mit der möglichen Worttrennung am Zeilenende. In erster Linie bei der Trennung einzelner Vokale (a, e, i, o, u; z.B. E-va, O-fen, Ra-di-o) gibt es einen Unterschied: Nach der aktuellen Rechtschreibung werden diese am Zeilenende nicht abgetrennt. Da diese Wörter aber mehrere Sprech-Silben haben, sind diese auch mit zwei Farben gekennzeichnet: Eva, Ofen, Radio.

Inhalt

Ferienende und Schulbeginn 6

Ich – Du – Wir 20

Erlebt – geträumt – erfunden 47

Inhalt

Inhalt

Rund um Bücher und Medien 138

Gedichte und Feste im Jahreskreis 165

Werkstatt und Anhang 186

Ferienende und Schulbeginn

Kartengrüße aus den Ferien

An den Papa

Pa, ich schreibe dir aus Bern,
und das heißt: Ich bin dir fern.
Dabei hab ich dich so gern
wie sonst keinen andern Herrn.

An die Mama

Liebe Mama, hier auf Föhr
gibt es jede Menge Meer.
Aber du – du fehlst mir sehr.
Komm doch her.

An die Oma

Oma, diese Fahrt ist klasse
und dank dir bin ich bei Kasse,
kann mir mal was extra gönnen,
lern dabei die Gegend kennen,
denk an dich und hab dich lieb –
tschüss, dein Enkel, der dir schrieb.

Irmela Brender

Kartengrüße aus Europa

Hilsen fra
Danmark

Χαιρετίσματα από την Ελλάδα

Terveisiä
Suomen

Groeten
uit Nederland

Saluti da Roma

Allein mit der Bahn

Linus lebt mit seiner Mutter in Berlin. Gestern war der letzte Schultag. Papa und Mama sind geschieden, deshalb darf Linus in der nächsten Woche Papa in München besuchen. „Ich werde allein mit dem Zug fahren“, verkündet er stolz seinem Freund Markus.

Am Samstag ist es endlich so weit. Linus hat vor Aufregung in der Nacht nicht richtig schlafen können. Nach dem Frühstück fährt er mit seiner Mutter zum Bahnhof. Der ICE von Berlin nach München steht schon bereit. Mama trägt den schweren Koffer bis ins Abteil. Sie hält Linus an der Hand und sagt ihm immer wieder, was er tun und lassen soll. „Schlafe nur nicht ein!“ „Steig’ erst in München aus, ja nicht vorher.“ „Sei zu den anderen Fahrgästen höflich.“ „Merke dir die Sitzplatznummer, wenn du zur Toilette gehen musst.“ Linus sagt nur: „Ja, ja … mach ich schon!“

Da ertönt die Stimme aus dem Lautsprecher: „Bitte in den ICE nach München einsteigen! Türen schließen automatisch!“ Rasch verlässt Mama den Wagen. Nach fünf Signaltönen schließen die Türen und der Zug setzt sich in Bewegung.

Vor dem Lesen ⇢ Lesetipp 1, S. 186

Linus schaut aus dem Fenster. Mama winkt. Linus winkt auch. Jetzt ist er allein im Abteil, ganz allein. Er hat plötzlich ein mulmiges Gefühl: Wird er alles richtig machen? „Wenn Mama nur auch mitfahren würde“, wünscht er sich bekümmert – und dann: „Nicht nur mitfahren soll sie, sondern mit mir bei Papa Ferien machen. Alle zusammen wie früher.“ Er schaut aus dem Fenster. Häuser und Straßen huschen vorbei.

Linus denkt an Papa: „Das wird bestimmt lustig in München. Wir werden viel zusammen unternehmen. Ich freu mich schon darauf.“

Linus fühlt sich besser. Er macht es sich auf seinem Sitz gemütlich und erinnert sich an Mamas Ratschlag: „Schlafe nur nicht ein! Erst in München aussteigen!“

Bahnhof/Haltestelle	Datum	Zeit		Gleis	Produkte
Berlin Hbf (tief)	Sa, 19.04.	ab	08:40	2	ICE 1207
Halle (Saale) Hbf		ab	10:00	3	Bordrestaurant
Jena Paradies		ab	11:00	1	
Bamberg		ab	12:51	2	
Nürnberg Hbf		ab	13:28	8	
Ingolstadt Hbf		ab	14:01	3	
München Hbf	Sa, 19.04.	an	14:47	22	

Dauer: 6:07; fährt nicht täglich
Preis: ab 115,00 EUR bis 130,00 EUR 1 Erwachsener, 2. Klasse

Aufgaben ⇢ S. 16, 17 Lerntagebuch ⇢ S. 19

Das beste Fundstück

Bens Eltern fuhren jedes Jahr ans Meer. Mal in den Süden, mal in den Norden, manchmal mit dem Schiff, manchmal mit dem Flugzeug – aber ans Meer fuhren sie immer.

Ben hätte sich zur Abwechslung gern mal einen Vulkan angeguckt oder wäre mit dem Aufzug in den hundertsten Stock gefahren. Einen Indianer hatte er auch noch nicht gesehen, von Eskimos, Eisbären oder einem richtigen Urwald ganz zu schweigen. „Das kommt alles noch“, sagte sein Vater. Aber in den nächsten Sommerferien fuhren sie dann wieder ans Meer.

„Gut“, dachte Ben, „dann werd’ ich eben Meeresforscher.“ Und er fing an, sich von jedem Meer ein Marmeladenglas Sand mitzubringen, eine Keksdose voll Muscheln und Schneckenhäuser und jede Menge Fundstücke. Seine Eltern schimpften zwar, wenn er ihnen Steine und Schwämme in die Koffer packte, aber sie schleppten sie mit.

So füllte sich das Regal in Bens Zimmer mit sorgfältig beschrifteten Sandgläsern, Muscheltellern und vielen kleinen Schachteln voller Schneckenhäuser.

Die Steine legte er in ein großes, mit Wasser gefülltes Einmachglas, denn sie sahen hübscher aus, wenn sie nass waren. Besondere Fundstücke bewahrte er in einem Schuhkarton auf, den er wie eine Schatzkiste angemalt hatte.

Krebsscheren lagen da drin, ein Stück Seeigelpanzer, ein versteinertes Schneckenhaus und ein Foto, auf dem nicht viel zu sehen war. Wenn man aber genau hinsah, erkannte man lauter kleine Schneckenhäuser, die im grünen Wasser an den Felsen klebten.

„Was soll denn das Foto?“, fragte jeder, dem Ben seine Schätze zeigte. „Das ist zur Erinnerung“, antwortete Ben dann, „an das Beste, was ich je gefunden habe.“

Diese und andere schöne Geschichten kannst du im Buch „Leselöwen Strandgeschichten“ von Cornelia Funke lesen.

Jule und der Wunderstein

Jule mag nicht in die Schule gehen. Sie fürchtet sich nämlich. Nicht vor der Schule. Nein, vor dem langen Robin und seiner Biker-Bande*, die ihr in letzter Zeit auf dem Heimweg immer aufgelauert hat. Gemein geschubst haben sie sie und mächtig geärgert. Richtig Angst hat Jule bekommen – und Angst hat sie auch jetzt. Grübelnd sitzt sie am Bach in Omas Garten und starrt ins Wasser.

Plötzlich blinkt ihr ein Stein vom Bachbett her zu. Jule vergisst ihre Sorgen und greift nach dem Stein. Er ist wirklich wunderschön. „Das ist bestimmt ein Wunderstein", sagt Oma später. „Nur Wundersteine funkeln so hell." „Kann ein Wunderstein auch zaubern?", fragt Jule. Oma lacht. „Das Wunder kommt, wenn man es nötig hat", sagt sie. „Am besten du trägst den Stein immer bei dir. Es ist nämlich ein Glück, einen Wunderstein zu finden. Das passiert nicht jedem."

Recht glauben kann Jule diese Wundergeschichte ja nicht, doch sie steckt den Stein – sicherheitshalber – in ihre Hosentasche. „Mach, dass ich mich nicht so sehr vor der Schule fürchte, du Wunderstein!", flüstert sie. „Oder noch besser: Mach, dass das Wochenende nie aufhört!"

*sprich: Baiker-Bande

Aber kein Wunder geschieht. Der Montag rückt näher und immer größer wird Jules Angst. „Blöder Stein“, mault sie. „Wo ich doch so sehr ein Wunder brauchen könnte!“

Ängstlich geht Jule am Montagmorgen zur Schule. Plötzlich steht Robin mit seinen Kumpanen wenige Meter vor ihr auf dem Bürgersteig. Ganz komisch wird Jule im Bauch. Ihre Beine sind weich wie Pudding. Was tun? Ohne nachzudenken umklammert sie den Wunderstein in ihrer Hosentasche, reckt den Kopf weit in die Höhe, pfeift ein Liedchen und marschiert los, Robin und seiner Bande entgegen. Einfach so.

Und komisch: Auf einmal ist Jules Angst wie weggeblasen. Robin glotzt ganz schön blöd, als Jule so fröhlich pfeifend an ihm vorbeistolziert. Vor lauter Glotzen vergisst er, Jule zu schubsen und zu ärgern. Jule wundert sich. Nachdenklich streicht sie über ihren Wunderstein. Sie freut sich. Und ein schöner Spruch fällt ihr ein. „Ich habe einen Wunderstein, drum muss ich nicht mehr ängstlich sein.“ Wirklich ein schöner Spruch, denkt Jule, und nimmt sich vor, immer wenn sie sich fürchtet, an diesen Spruch zu denken. Klar, und an ihren Wunderstein natürlich.

Elke Bräunling

Aufgaben → S. 18 Lerntagebuch → S. 19

Kartengrüße aus den Ferien, S. 7

1. a) Lies die Karten. Welche gefällt dir am besten?
   b) Tausche dich mit einem Partner aus.
   Schreibt eine Grußkarte mit Bild.
   c) Präsentiert eure Karten in der Klasse.
   Wählt die fünf schönsten Karten aus und hängt sie auf.

Kartengrüße aus Europa, S. 8/9

1. Welche Stadt, welches Land kennst du schon?
   Erzähle davon.
2. Wohin würdest du gern einmal reisen? Warum?
   Wenn du willst, male eine Grußkarte von diesem Ort.
3. Kannst du einzelne Wörter auf den Karten lesen?

Allein mit der Bahn, S. 10/11

Tipp

Lesetipp 1 – Genaues Lesen (siehe Seite 186)
Lies nicht zu schnell. Stelle dir nach jedem Satz vor, was geschieht.
Frage nach, wenn du etwas nicht verstehst.
Du kannst dich auch im Wörterbuch oder Internet informieren.

1. Warum fährt Linus allein nach München?
2. Wie geht es Linus
   – beim Abschied von Mama? Z. 28 – 33
   – beim Gedanken an Papa? Z. 36 – 39
   Schreibe Sätze.

traurig | froh | gespannt | unsicher | aufgeregt | müde

Allein mit der Bahn, *S. 10/11 (Fortsetzung)*

3. a) Hast du dich schon einmal wie Linus gefühlt?
   b) Sprich mit einem Partner darüber.
   c) Willst du deine Geschichte der Klasse erzählen?

4. Mama hat Linus einen kleinen Spickzettel mitgegeben, damit er sich in Bayern sein Essen selbst bestellen kann.

Berlinerisch	**Hochdeutsch**	**Bairisch**
Schrippe	Brötchen	Semmel
Bulette	Frikadelle	Fleischpflanzerl
Pfannkuchen	Berliner	Krapfen
Broiler	Hähnchen	Gockerl

Arbeite mit einem Partner.

- Was sagt Linus, wenn er sich in München eine Frikadelle bestellt?
- Was meint er in Berlin mit einem Broiler?

Stellt euch gegenseitig Fragen.

Der Fahrplan Berlin – München, S. 11

1. Beantwortet die Fragen zuerst selbst.
   - Wie lang dauert die Zugfahrt?
   - Wo hält der Zug um 10:00 Uhr?
   - Kann man im Zug zu Mittag essen?
   - Auf welchem Gleis kommt Linus in München an?
   - Was bedeutet Hbf und ICE? Wenn du nicht weiterweißt, kannst du im Wörterbuch oder Internet nachschauen.
2. Vergleicht dann in der Gruppe und in der Klasse.

Das beste Fundstück, S. 12/13

1. Wohin fahren Bens Eltern in jedem Urlaub?
2. Welche Orte würde Ben gern besuchen?
3. Wie bewahrt er seine Reiseandenken auf?
4. Was sammelst du?

Jule und der Wunderstein, S. 14/15

1. Was macht Jule Angst?
2. Warum greift sie nach dem Stein im Bach?
3. Was sagt Oma über den Stein?
4. Wie verhält sich Jule jetzt?
5. Was musst du tun, wenn dich Schüler bedrohen?
   Sprecht darüber.

Lesetraining

1. Lies das Gedicht laut und aufmerksam.
   Übe es so lange, bis du es fehlerfrei und schnell vorlesen kannst.
   Überprüfe es mit einem Partner.

Klassenspiegel

Billi, Cilli, Dilli, Filli
schwatzen immerzu mit Gilli.

Hilli, Jilli, Killi, Lilli
schreiben meistens ab bei Milli.

Nilli, Pilli, Quilli, Rilli ärgern in der Pause Silli.
Tilli, Villi, Willi, Zilli sitzen stets mucksmäuschenstilli.

Sieben Kinder sind entschuldigt.
Welche, kannst du selbst finden.
(A, E, I, O, U, X, Y)

Gottfried Herold

2. Handelt es sich um ein Abc-Gedicht?

Lerntagebuch

So führe ich ein Lerntagebuch:

In einem Lerntagebuch kannst du Gedanken, Erfolge und Schwierigkeiten bei der Erledigung deiner Aufgaben schriftlich festhalten.
Diese Eintragungen helfen dir, deinen Lernfortschritt einzuschätzen.

Du kannst dir folgende Fragen stellen:

- Konnte ich den Text flüssig lesen?
- Habe ich den Text verstanden?
- Konnte ich die Aufgaben zum Text lösen?
- Wie finde ich den Text?
- Was will ich noch üben?

Mit diesen Zeichen kannst du dich selbst einschätzen:

☺ Das kann ich sehr gut.

😐 Das mache ich meistens richtig.

☹ Das muss ich noch üben.

So führt Hanna ihr Lerntagebuch:

Kartengrüße aus den Ferien

- Ich habe eine schöne Grußkarte geschrieben. ☺
- Bei der Rechtschreibung muss ich noch mehr aufpassen. 😐

Kartengrüße aus Europa

- Auf den Grußkarten kann ich die Namen von Städten und Ländern gut lesen. ☺
- Die meisten Länder kannte ich schon. ☺
- Das finde ich interessant:
  Grüße, Greetings und Groeten haben die gleiche Bedeutung.
- Ich würde gerne mal an der Nordsee Urlaub machen. ☺
  Ich habe eine Karte mit Seesternen gemalt.

Schreibe in dein Lerntagebuch, was du gelernt hast.

Ich – Du – Wir

Ich bin ich

Ich bin ich und du bist du.
Wenn ich rede, hörst du zu.
Wenn du sprichst, dann bin ich still,
weil ich dich verstehen will.
Wenn du fällst, helf ich dir auf,
und du fängst mich, wenn ich lauf.
Wenn du kickst, steh ich im Tor,
pfeif ich Angriff, schießt du vor.
Spielst du pong, dann spiel ich ping,
und du trommelst, wenn ich sing.
Allein kann keiner diese Sachen,
zusammen können wir viel machen.
Ich mit dir und du mit mir –
das sind wir.

Irmela Brender

Aufgaben ⇢ S. 42 Lerntagebuch ⇢ S. 46

Drei Ameisen und der Elefant

Drei Ameisen trafen auf einen Elefanten und beschlossen, das riesige Ungetüm zu erforschen. Die erste Ameise krabbelte im Rüssel hoch und wieder herunter, die zweite kletterte an einem der Beine des Elefanten empor, während die dritte den riesigen Leib des Tieres umrundete. Als sie sich schließlich am nächsten Morgen wieder trafen, sagte die erste: „Ich weiß, was ein Elefant ist. Ein Elefant ist eine gebogene, lange, dunkle Höhle, in der es feucht ist und ständig ein Wind weht.“ „Aber nein! Ein Elefant ist eine riesige, gerade Säule, die bis in den Himmel ragt“, sagte die zweite. Die dritte Ameise widersprach: „Ihr irrt beide. Ein Elefant ist eine sehr, sehr große Kugel, die über der Erde schwebt.“ So redeten und stritten sie lange und konnten sich doch nicht einigen.

Aufgaben ⇢ S. 42 Lerntagebuch ⇢ S. 46

Nina und das Gänseblümchen

Nina geht mit dem Vater einkaufen. Er schleppt zwei große Körbe. Nina schleppt ihren großen Teddy und einen kleinen Korb. Der Vater geht schnell. Nina stolpert hinter ihm her. Auf der Straße fahren viele Autos. Die Fahrer schauen nur geradeaus. Auf dem Gehsteig gehen viele Leute. Die Leute gucken nur geradeaus.

Da sieht Nina zwischen den Betonplatten ein Gänseblümchen. Ein winziges Gänseblümchen mit rötlichen Blütenblättern. Das gelbe Herz leuchtet. Der Stängel ist graugrün und dick. Zwei grüne Blätter hat das Gänseblümchen. Und da unten, unter den Blütenblättern, versteckt sich eine Knospe. Die ist fest zu, wie eine Faust. „Nina!“, ruft der Vater. „Komm weiter, mir brechen die Arme ab.“ „Schau!“, ruft Nina und zeigt auf das Gänseblümchen. Er dreht sich kurz um, schaut und sagt: „Da ist doch nichts! Komm, bitte!“

Nina möchte gern einen Zaun um das Gänseblümchen auf dem Gehsteig bauen, damit keiner drauftritt. Aber der Vater geht schon weiter. Nina rennt hinter ihm her.

Renate Welsh

Meine Füße sind der Rollstuhl

Margit liegt im Bett. Es ist sieben Uhr. Um acht muss sie frühstücken. Damit Margit bis dahin angezogen ist, muss sie sofort beginnen. Sie braucht viel Zeit. Das **Anziehen** fällt ihr schwer. Sie erreicht kaum ihre Zehenspitzen. Endlich geschafft! Margit zieht sich über die Bettkante in den Rollstuhl.

Sie fährt in die Küche. Das Frühstück steht bereits auf dem Tisch. „Wo ist die Marmelade?“, ruft Margit. „Sie steht im Schrank“, antwortet Mutter. Ihr Vater wohnt seit zwei Jahren nicht mehr bei der Familie. Margit holt die Marmelade. Sie hat gelernt, viele Dinge selbst zu tun.

„Fährst du für mich einkaufen?“, fragt die Mutter. „Gerne“, freut sich Margit. Das erste Mal alleine zum Einkaufen! „Was soll ich mitbringen?“, fragt sie. „Einen Liter Milch und sechs Äpfel!“ Stolz fährt Margit davon.

Margit kommt am **Spielplatz** vorbei. Viele Kinder spielen. Gerne würde sie mitspielen.

Eine Gruppe Kinder verspottet einen Jungen. „Fettsack!“, rufen sie. Margit findet es gemein. Der Junge tut ihr leid. Aber sie fährt weiter zum Supermarkt. Margit spürt, wie die Leute ihr nachschauen. Ein kleines Mädchen fragt seine Mutter: „Was ist das?“, und zeigt auf den Rollstuhl. Die Mutter zieht das Mädchen weiter und sagt: „Pst, sei still!“ „Ich bin wie alle anderen Kinder!“, sagt Margit traurig zu sich selbst. Sie versteht die Mutter des Mädchens nicht.

An der **Ampel** wartet Margit, bis es grün wird. Dann rollt sie los, kommt aber nur bis zur anderen Straßenkante. Die Gehsteigkante ist zu hoch. Die Ampel schaltet wieder auf Rot. Alle Menschen haben es eilig und laufen an ihr vorbei. Margit hat Angst. Gleich fahren die Autos los. „Kann ich dir helfen?“, fragt der dicke Junge vom Spielplatz. Margit lächelt erleichtert. „Steig bitte hinten auf das Pedal. Ich heiße Margit – hilf mir.“ „Ich bin Sigi“, stellt sich der Junge vor.

Als Margit sicher auf dem Gehsteig ist, bedankt sie sich und rollt weiter. Sie muss noch durch den Park, dahinter befindet sich der Supermarkt. Im Park sitzt ein älteres Pärchen auf einer Bank. Mitleidig betrachten sie Margit. „Du armes Ding!“, seufzt die Frau. „Ich bin nicht anders als die anderen Kinder auch!“, ruft Margit den beiden trotzig zu.

Am Supermarkt ist eine Rampe. Margit kann leicht hineinfahren. Am Obstregal will sie gerade nach den Äpfeln greifen, da kommt ihr eine Hand zuvor und reicht ihr die Äpfel. „Hab ich um Hilfe gebeten?“, denkt sie. „Das kann ich doch selbst!“ Bei der Milch geht es ihr genauso. Margit ärgert sich. Wütend ruft sie: „Ich möchte meine Milch selbst aus dem Regal nehmen, so wie die anderen Menschen auch!“ Der Verkäufer blickt sie verständnislos an und schüttelt den Kopf.

Margit versteckt sich **zwischen den Regalen** und weint. „Sei nicht traurig“, sagt eine bekannte Stimme. Es ist Sigi. Er ist ihr neugierig gefolgt. „Die Leute tun so, als wäre ich der blödeste, ungeschickteste und hilfloseste Mensch auf der Welt. Ich bin genauso wie die anderen“, meint Margit. „Nein, du bist etwas Besonderes, dein Rollstuhl macht das“, entgegnet Sigi.

„Ich bin trotzdem ein ganz normales Kind“, beschwört Margit. „Nein, wir sind anders. Du sitzt im Rollstuhl. Ich bin dick. Wir haben etwas Besonderes an uns“, bemerkt Sigi. Sigi zieht Margit an der Hand durch den Supermarkt. Draußen sagt er: „Aber wir können zusammen Spaß haben!“ Gemeinsam machen sie sich auf die **Heimfahrt**.

Im Park rollen sie fröhlich an den älteren Menschen vorbei und schenken der Frau einen Lolli. Die Frau schnappt nach Luft. „Ich habe einen Freund gefunden und bin glücklich“, ruft Margit. Beim Fußgängerüberweg zupft Margit einen Mann an der Jacke und bittet ihn anstatt Sigi, ihr auf die hohe Kante zu helfen.

Margit spürt ihren **Mut**. Sie freut sich. Sie weiß nun ganz sicher, dass sie öfters alleine weggehen kann. Sigi stellt sich hinten auf den Rolli. Beide sausen die Straße hinunter. Auch diesmal schauen die Leute. Diesmal macht es Margit nichts aus.

Franz Josef Huainigg

Kai will nicht zum Kaufmann gehen

Wenn Kai zum Kaufmann* gehen soll, erfindet er immer Ausreden.

Eines Morgens fragt die Mutter: „Kannst du zum Kaufmann gehen?“ Kai schüttelt den Kopf. „Warum willst du nicht, Kai?“, wundert sich die Mutter. „Ich bin gerade ein Seehund auf einer kleinen Eisscholle. Rund um mich herum sind Haifische – das ist lebensgefährlich!“, erwidert Kai.

„Kannst du jetzt einkaufen gehen?“, fragt die Mutter etwas später. Kai schüttelt den Kopf. „Warum nicht?“ „Ich bin ein Affe auf einem Baum. Unter mir sitzen böse Tierfänger, die mich für den Zoo fangen wollen!“, antwortet Kai.

„Kannst du jetzt zum Kaufmann gehen?“, fragt die Mutter wieder. Kai schüttelt den Kopf. „Und was bist du jetzt?“, möchte die Mutter wissen. „Eine Ente!“, sagt Kai und schnattert laut.

* anderer Ausdruck für Supermarkt, Einkaufsladen

Da macht die Mutter die Tür zu. Jetzt kann Kai spielen. Aber er hat keine Lust mehr. Er macht die Tür auf und schleicht über den Flur.

Er sucht seine Mutter im Schlafzimmer, im Bad, im Arbeitszimmer, in der Küche. Kai findet die Mutter im Wohnzimmer.

„Ich habe Hunger!“, ruft Kai.
„Für Enten gibt es trockenes Brot!“, meint die Mutter.
„Ich bin keine Ente!“, sagt Kai.
„Bist du ein Affe?“, fragt die Mutter.
„Auch nicht!“
„Bist du ein Seehund?“, fragt die Mutter.
„Auch nicht! Ich bin Kai, der Hunger hat!“

„Kannst du nun einkaufen gehen?“, fragt die Mutter noch einmal. Da läuft Kai zum Kaufmann und besorgt alles, auch die Nudeln und den Schinken für das Mittagessen.

Rosemarie Künzler-Behncke

Die Geschichte vom Schmetterling

Einmal ist ein Schmetterling aus einem Loch in der Mauer gekrochen, ein ganz neuer Schmetterling. Der Schmetterling hatte wunderschöne bunte Flügel, aber er ist nicht fortgeflogen. Der Schmetterling ist ängstlich auf der Mauer sitzen geblieben.

Die anderen Schmetterlinge sind an ihm vorbeigeflogen, der Wind hat sie getragen. Im Sonnenschein tanzten sie von Blüte zu Blüte und haben sich den Nektar geholt. Aber der neue Schmetterling hatte Angst vor dem Fliegen.

Die Bienen sind um den Schmetterling herumgesummt. Die Mücken sind um den Schmetterling herumgetanzt. Und die dicke Hummel ist über dem Schmetterling durch die Luft gebrummt.

Aber der neue Schmetterling hatte immer noch Angst vor dem Fliegen. Seine schönen Flügel haben gezittert. Er hat die Fühler aus seinem Kopf weit ausgestreckt und sich mit den Beinen an der Mauer festgehalten.

Aber da ist der Wind gekommen. Er hat den schönen neuen Schmetterling einfach aufgehoben und in die Luft getragen. Da **musste** der Schmetterling fliegen, da **konnte** der Schmetterling auf einmal fliegen, und nun **wollte** der Schmetterling nur noch fliegen und fliegen und fliegen und fliegen, so herrlich war das.

Ursula Wölfel

Aufgaben ⇢ S. 43 Lerntagebuch ⇢ S. 46

Wie Franz das Piepsen besiegte

Franz ist sieben Jahre und sechs Monate alt und hat ein großes Problem. Immer wenn er aufgeregt ist, wird seine Stimme piepsig. Manchmal bleibt sie ihm auch ganz weg. An diesem Tag hat der Franz besonders viel Pech. Er will am Morgen sein Rechenheft der Mutter zeigen. Sie duscht gerade. Der Franz stolpert über ihre Pantoffeln und das Heft fällt in die Badewanne. Die Aufgaben vom Franz und die Korrekturen seines Rechenlehrers sind jetzt blaue und rosa Tintenwolken. Der Vater schreibt an den Lehrer einen Brief, der alles erklärt. Den steckt der Franz erleichtert in die Hosentasche. Mit seiner Freundin Gabi geht er in die Schule. Es regnet stark. Franz kommt patschnass in der Schule an. Der Lehrer sorgt gleich dafür, dass Franz trockene Kleider aus der Fundkiste anzieht.

Als der Franz mit den nassen Klamotten über dem Arm in die Klasse kam, hatte der Zickzack schon mit dem Unterricht begonnen. Die Rechenaufgaben sammelte er gerade ein. „Dein Heft!“, sagte er zum Franz.

Der Franz nickte und griff in die hintere Hosentasche der Jeans und holte den Brief vom Papa heraus. Der Brief war klatschnass!

Keinen einzigen Buchstaben konnte man mehr erkennen.
Nur hellblaue und dunkelblaue Wolken waren auf dem Papier.
Der Zickzack starrte auf die Wolken. „Was soll das?“, fragte er.
„Hat mein Papa geschrieben!“, piepste der Franz.
„Was heißt das?“, fragte der Zickzack.
„Dass es meinem Heft so gegangen ist wie dem Brief“, piepste der Franz.
„Rede vernünftig!“, rief der Zickzack.
„Über die Pantoffeln bin ich gestolpert“, piepste der Franz.
„Über welche Pantoffeln?“, brüllte der Zickzack.

Da konnte der Franz vor lauter Aufregung nicht einmal mehr piepsen.
Er räusperte sich, aber mehr als ein paar merkwürdige Krächzer schaffte er nicht.
Er hustete. Weil er dachte, er könnte die Stimme zurückhusten.
Soviel er aber auch hustete und sich räusperte, die Stimme blieb weg.
„Im Regen verkühlt!“, sagte der Zickzack. „Total verkühlt!“
Der Zickzack ging zum Schrank, nahm ein frisches Tafelwischtuch heraus und wickelte es dem Franz um den Hals.
„Hinsetzen, Mund halten, kein Wort reden!“, kommandierte er.

Zu Hause ist der Franz sehr unglücklich.
Er geht zu seiner Freundin Gabi.

Die Gabi war die Einzige,
die ihn jetzt trösten konnte.
Die Gabi tröstete den Franz nicht nur,
sie gab ihm auch einen guten Rat.
Einen echten Super-Rat!

Am nächsten Tag kam der Franz mit dem Kassettenrekorder
in die Schule.
Gleich nach dem Acht-Uhr-Läuten zeigte der Franz auf.*
„Was gibt's?", fragte der Zickzack.
Der Franz nahm den Kassettenrekorder und ging zum Lehrertisch.
Er drückte die ON-Taste.
Ganz laut schallte die Stimme
vom Franz durch die Klasse:
„Bitte, mein Rechenheft
ist in die Badewanne gefallen.
Es ist schon wieder trocken,
aber reinschreiben
kann ich nichts mehr,
weil das Papier Wellen schlägt."
Dazu machte der Franz
den Mund auf und zu
und auf und zu und auf und zu …

* „Acht-Uhr-Läuten" ist der Gong zum Schulbeginn.
„Aufzeigen" heißt sich melden.

Der Zickzack starrte den Franz an. Mit weit aufgerissenen Augen starrte er. Und dann fing er zu lachen an. Zuerst kicherte er, dann wieherte er, dann schlug er sich mit den Händen auf die Schenkel, dann hielt er sich die Hände auf den Bauch. Und lachte immer noch. Tief und scheppernd. Als ob tausend Kieselsteine in einem Blechfass herumwirbelten, hörte sich das an. Und dann nahm er die Brille ab, wischte sich die Lachtränen aus den Augen, stand auf, ging zum Schrank und holte ein neues kariertes Heft heraus. Er überreichte es dem Franz. „Bitte sehr, du Wahnsinnsknabe“, sagte er und kicherte schon wieder. Der Franz piepste „Danke schön“ und ging mit dem Heft und dem Rekorder zu seinem Pult zurück.

In der Pause dann gratulierten alle Kinder dem Franz. Sie sagten: „Du bist der Erste, der den Zickzack zum Lachen gebracht hat. Außer dir schafft das niemand!“ Da war der Franz sehr stolz.

Christine Nöstlinger

Die Torte

Eines Tages kam Klara zu mir und sagte:

„Weißt du, was es in der Küche gibt?“

Ich wollte es gar nicht wissen. Aber weil sie so fragte, fragte ich:

„Was denn?“

„Eine Torte!“

„So eine?“, fragte ich und malte eine Torte.

„Nein, viel größer“, sagte sie, „und viel schöner!“

„So eine?“ Ich malte eine noch größere Torte.

„Noch größer“, sagte sie, „oben mit Sahne!“

Dann gingen wir beide, um die Torte anzusehen.

Es war wirklich eine große Torte. Mir ist das Wasser im Mund zusammengelaufen.

Als wir gerade die Torte bestaunten, kam Mama und sagte:

„Dass ihr beide mir die Torte nicht anrührt! Wir kriegen Besuch. Tante Emma und Tante Greta kommen.“

Und ging Kaffee kaufen.

Wir blieben allein zu Hause, Klara und ich. Wir spielten im Wohnzimmer, dann schlichen wir in die Küche.

„Ich möchte sehen, ob die Torte noch da ist“, sagte Klara und ging zum Kühlschrank. „Vielleicht hat sie jemand geklaut.“

Sie öffnete die Tür: Die Torte war noch da.

„Rühr sie nicht an!“, sagte ich. „Sie ist für die Gäste.“

„Ich denke überhaupt nicht daran, sie anzurühren“, sagte Klara.

Vor dem Lesen ⇢ Lesen mit verteilten Rollen, S. 192

Aber ich sah, dass ihr das Wasser im Mund zusammenlief.

„Ich denke nur, vielleicht ist sie schlecht."

„Nein", sagte ich. „Sie ist gar nicht schlecht."

„Wir wissen das nicht", beharrte Klara.

„Die ganze Welt weiß, dass Torten sehr schnell schlecht werden. Dann werden sich die Tanten vergiften", sagte Klara.

Ich wollte nicht, dass sich Tante Emma und Tante Greta vergiften, und fragte: „Was sollen wir dann tun?"

„Ganz einfach", sagte Klara. „Wir sollten die Torte probieren."

„Gut", sagte ich. „Probieren wir sie!"

Wir holten die Torte aus dem Kühlschrank und Klara sagte:

„Ich probiere die linke Seite und du die rechte Seite."

Wir haben probiert. Es schmeckte gut.

„Weißt du, Klara, die Torte ist nicht schlecht geworden", stellte ich fest, „die Tanten werden sich nicht vergiften."

Klara stimmte mir zu.

„Aber wir können nur von diesen beiden Seiten sprechen", sagte sie. „Wie sind aber die anderen?"

Jetzt probierten wir die Torte von allen Seiten.

Und stellten nichts Verdächtiges fest.
„Sie ist“, sagte ich, „an allen Seiten gut.“
„Ja“, sagte dann Klara, „an den Seiten ist die Torte gut.
Aber Sahnetorten werden am schnellsten in der Mitte schlecht.“
Wir nahmen ein Messer und schnitten die Torte auf.
Und probierten sie in der Mitte.

Als Mama die Torte sah, blieb sie mit offenem Mund stehen.
„Wir wollten nicht, dass die Tanten sich vergiften“, erklärten wir.
„Fresst jetzt alles auf“, sagte Mama, „ihr Ferkel!“

Wenn sie das so sagt, tun wir es auch.
Wir haben weitergegessen und die ganze Torte aufgegessen.
Dann hat uns der Bauch weh getan.
„Siehst du“, sagte Klara zu mir, „die Torte war schlecht!“

Weitere Geschichten findet ihr in „Ich und meine Schwester Klara“ von Dimiter Inkiow.

Wer ist schon normal?

Maren – ein Kind mit Downsyndrom*

Maren ist 10 Jahre alt. Sie besucht eine Klasse der Waldorfschule. Das Lesen und Schreiben fällt ihr schwer. Wenn sie etwas nicht kann, gibt sie schnell auf. Ihre Eltern und Lehrer brauchen viel Geduld. Maren spricht undeutlich. Sie hat ein Hörgerät.
Ihre etwas ungelenken Bewegungen und ihre Augenstellung weisen auf ihre Behinderung hin.
Maren hat das Downsyndrom.
Maren spielt gerne mit ihren Eltern und ihrem Bruder Jan. Oft sagt sie „Nein“ und grinst, weil sie genau weiß, dass sie „Ja“ sagen müsste.
Maren liebt den Karnevalsverein und ist bekannt in ihrem Stadtteil.
Sie ist freundlich und spricht gern mit anderen Menschen.
Bei Spaziergängen fallen ihr alle Veränderungen sofort auf.
Ihre Mutter fährt sie an drei Nachmittagen in der Woche zur Krankengymnastik, zur Sprecherziehung und zum Musikunterricht.
Maren braucht viel Liebe. Sie kann sehr gut mit anderen Menschen mitfühlen.
Wenn ihr Bruder Jan mit dem Fahrrad stürzt und weint, tröstet sie ihn.

Downsyndrom
Die Behinderung wurde nach dem Nervenarzt John Langdon-Down benannt.

*sprich: Daunsyndrom

Murat ist nicht doof

Als die Schüler nach der Pause zurück ins Klassenzimmer kamen, saß er schon da – am Tisch in der Ecke. Frau Roser, die Deutschlehrerin, stellte den dunkelhaarigen Jungen kurz vor: „Das ist Murat aus Syrien. Er besucht jetzt unsere Klasse.“ Der Unterricht begann. Der Neue saß da, den Kopf in die Hände gestützt, den Blick starr geradeaus gerichtet. Bücher und Hefte hatte er noch nicht. Er saß nur da – allein.

Am nächsten Tag hatte er Bücher und ein Heft, aber noch keine Tasche. Er trug alles in einer Plastiktüte. Im Unterricht sagte er wieder kein Wort. Auf die neugierigen Fragen von Marion ‚Bist du Ausländer? Woher kommst du?‘ antwortete er schüchtern: „Ich Murat.“ „Der will nichts sagen“, mischte sich Linus ein, „kann ja nicht einmal richtig Deutsch.“ Linus war der Wortführer in der Klasse. Fast alle taten, was er sagte. Marion stellte keine weiteren Fragen.

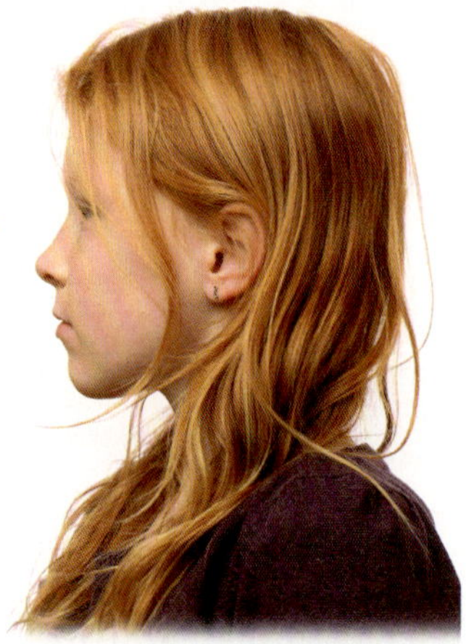

Einige Tage vergingen. Murat sagte immer noch nichts. Dann, nach einer großen Pause, kicherten die Jungs in der hinteren Reihe. Murat kramte das verschmutzte Lesebuch hervor. Bananenschalen und Reste von Marmeladebroten fielen aus der Plastiktüte. Erschrocken blickte er einen kurzen Moment auf, dann sank er wieder in sich zusammen: Wer hatte das nur getan?

Nach dem Unterricht verschwand Murat schnell. Die meisten Schüler gewöhnten sich an sein seltsames Verhalten und beachteten ihn nicht weiter.

Eines Morgens herrschte vor der ersten Stunde Aufregung im Klassenzimmer: Linus und seine Freunde lachten höhnisch, andere schauten neugierig, die Schüler in der vorderen Reihe bemerkten den Vorfall gar nicht. Groß, mit Kreide, stand es auf dem Tisch: „Murat ist doof!“ Marion fand das unfair und wischte die Beleidigung weg. „Blöde Kuh!“, zischte Linus hinter ihr her. Frau Roser betrat schon die Klasse. Die Stunde verlief friedlich.

Nach dem Gong wollten die meisten Schüler für kurze Zeit nach draußen, auch Murat. Gerade wollte er an Linus’ Tisch vorbeigehen, als blitzschnell ein Bein hervorschnellte. Murat stolperte und schlug sich die Stirn auf. Blut tropfte von seiner Stirn. Er lief nach draußen und wischte sich mit einem Taschentuch das Gesicht ab. Sein Kopf brummte. Frau Roser, die in die Nachbarklasse ging, sah Murat durch den Flur taumeln. „Was ist passiert?“, fragte sie und begleitete ihn in das Krankenzimmer. Murat sagte nichts und unterdrückte das Weinen. Die Schulsekretärin versorgte seine Wunde an der Stirn.

Frau Roser ging zurück in Murats Klasse. Auf ihre Frage ‚Wie ist das passiert?‘ trat Stille ein. Keiner wollte etwas sagen.

Aufgaben ⇢ S. 44 Lerntagebuch ⇢ S. 46

Mit Texten umgehen

Ich bin ich, S. 21

1. a) Was können Freunde zusammen machen? Schreibe Stichwörter.
   b) Tausche dich mit einem Partner aus. Übt den gemeinsamen Vortrag des Gedichts.
   c) Bewertet die Vorträge und wählt die drei besten aus.

die Partner	sprechen deutlich	mit lebendigem Ausdruck	tragen flüssig vor	Blickkontakt mit den Zuhörern	Summe ☻
Hanni und Kerstin	☻☻☺	☻☻☻	☻☻☺	☻☻☻	10
Marco und Uli	☻☺☺	☺☺☺	☻☻☺	☺☺☺	3

Drei Ameisen und der Elefant, S. 22

1. a) Was tun die Ameisen? Schreibe Stichwörter.
   b) Besprich die Stichwörter mit einem Partner. Warum streiten sich die Ameisen?
   c) Wie hätten die Ameisen ihren Streit vermeiden können? Sprecht darüber.
2. Gestaltet aus dem Text ein Figurenspiel. ⇢ S. 192

Nina und das Gänseblümchen, S. 23

1. Warum sehen die großen Leute das Gänseblümchen nicht?
2. Was würde Nina am liebsten für das Gänseblümchen tun? Male ein Bild.

Meine Füße sind der Rollstuhl, S. 24 – 27.

Tipp 2 **Lesetipp 2 – Überschrift und Bilder beachten** (siehe Seite 186)
Vor dem Lesen: Beachte die Überschrift und die Bilder zu einem Text.
Sie verraten dir viel über das, was in der Geschichte geschieht.

1. Lest die Überschrift und betrachtet die Bilder.
   Wovon wird der Text wahrscheinlich handeln?
2. Besprich mit einem Partner,
   wie die Sätze richtig zusammengehören:

Am Morgen	jetzt kann sie öfter alleine wegfahren.
Auf dem **Spielplatz**	rollen Margit und Sigi fröhlich voran und schenken der Frau einen Lolli.
An der **Ampel**	fällt Margit das **Anziehen** schwer.
Zwischen den Regalen	sieht Margit, wie ein dicker Junge verspottet wird, und findet es gemein.
Auf der **Heimfahrt** im Park	sagt Sigi: „Sei nicht traurig."
Margit fasst **Mut**,	hilft ihr der Junge vom Spielplatz über die Gehsteigkante. Er heißt Sigi.

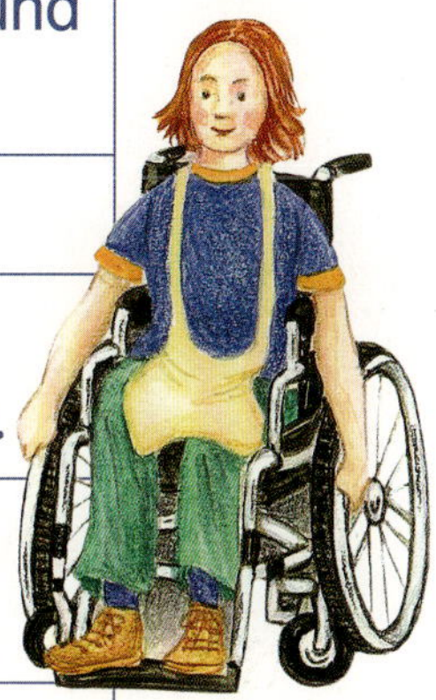

3. Margit schreibt ihrem Papa in Nürnberg einen Brief von diesem Tag.
   Willst du Margits Brief schreiben? Die Tabelle (Aufgabe 2) kann dir helfen.

Kai will nicht zum Kaufmann gehen, S. 28/29

1. Kai will nicht einkaufen gehen. Welche Ausreden hat er?
2. Warum geht Kai dann doch einkaufen?

Die Geschichte vom Schmetterling, S. 30/31

1. Wie kommt der Schmetterling zum Fliegen? (Z. 22 – 24)
2. Wann ging es dir auch schon so, dass du zuerst vor etwas Angst, dann aber viel Spaß dabei hattest?

Wie Franz das Piepsen besiegte, S. 32 – 35

1. Lies die Zeilen 1 – 45: Franz hat an diesem Morgen viel Pech. Was geschieht?
2. Lies die Zeilen 46 – 69: Welchen Super-Rat gibt Gabi dem Franz?
3. Lies die Zeilen 70 – Ende: Wie findet der Lehrer die Vorführung?

Die Torte, S. 36 – 38

Ihr könnt die Geschichte als Theaterstück vorführen (siehe Seite 192).

1. Verteilt die Rollen: Ich – Klara – Mutter
2. Überlegt, wie ihr die Rollen lebendig spielen könnt. Denkt an die Hände, das Gesicht, die Stimme.

Maren, S. 39

1. Was macht Maren gern? Was fällt ihr schwer? Schreibe Sätze ins Heft.
2. Der Text steht auf der Kinderseite einer Tageszeitung. Das erkennst du daran, dass der Text in Spalten steht.
   - Woran kannst du das noch erkennen?
   - Liest du manchmal die Kinderseite eurer Zeitung? Erzähle.

Murat ist nicht doof, S. 40/41

1. Lies mit einem Partner (abwechselnd, im Flüsterton) die Zeilen 1 – 30. Wie verhält sich die Klasse? Wie verhält sich Murat? Schreibe Stichwörter.
2. Lest die Geschichte in der Klasse zu Ende. Was ist geschehen?
3. Das Verhalten der Klasse nennt man Mobbing. Das Opfer muss sofort bei einem Lehrer Hilfe suchen. Was können Mitschüler tun?

Lesetraining

1. Lies den Text und ergänze die Lücken mit den Wörtern auf den Zetteln.

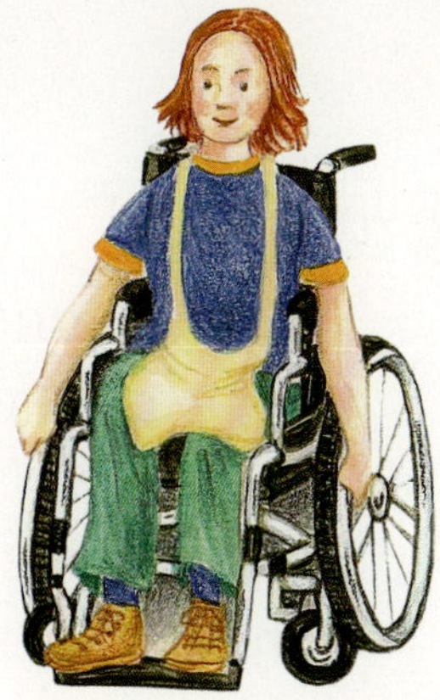

Meine Füße sind der Rollstuhl

Margit kann nicht selbstständig gehen. Sie fährt in einem ___ . Trotzdem kann sie viele Dinge selbst ___ . Sie kauft alleine ein. Das macht sie ganz ___ . An der ___ wartet Margit, bis es grün wird. Sie fährt über die ___ . Die Gehsteigkante auf der anderen Straßenseite ist zu ___ für den Rollstuhl. Margit benötigt ___ . Da kommt ein ___ und fragt: „Kann ich dir helfen?" Margit sagt erleichtert: Steig mit dem ___ hinten auf das Pedal. Ich heiße Margit." „Ich bin ___ ", stellt sich der Junge vor. Nach dem Einkaufen begleitet er Margit auf der ___ . Margit ist glücklich, weil sie einen ___ gefunden hat.

- Straße
- Ampel
- Hilfe
- tun
- Heimfahrt
- Fuß
- hoch
- Rollstuhl
- Junge
- stolz
- Sigi
- Freund

2. Einer liest einen Satz, der andere findet das fehlende Wort. Lest dann den vollständigen Satz noch einmal vor. Wechselt euch ab.

3. Lies die „Zungenbrecher“ so schnell du kannst.
Übe so lange, bis du sie fehlerfrei vorliest.
Überprüfe es mit einem Partner.

chinesisches Schlüsselchen
chinesisches Schlüsselchen
chinesisches Schlüsselchen

Kluge Köpfe kaufen keine kleinen Kleiderknöpfe.
Kleine Kleiderknöpfe kaufen kluge Köpfe nicht.

Hinter Herrmann Hansens Haus hängen hundert Hemden raus.
Hundert Hemden hängen raus, hinter Herrmann Hansens Haus.

Lerntagebuch

Schreibe in dein Lerntagebuch, was du gelernt hast.
Stelle dir folgende Fragen zu den gelesenen Texten:

- Konnte ich den Text flüssig lesen?
- Habe ich den Text verstanden?
- Konnte ich die Aufgaben zum Text lösen?
- Wie finde ich den Text? Was möchte ich noch aufschreiben?

Schätze dich selbst ein: Male ☺ 😐 ☹.

Was möchtest du noch üben?

Hier ein Ausschnitt aus Hannas Lerntagebuch:

Meine Füße sind der Rollstuhl

- Vor dem Lesen der Geschichte habe ich den Lesetipp 2 gelesen. Die Überschrift und die Bilder zeigen mir, dass es um ein Mädchen mit einer Behinderung geht. ☺
- Ich konnte den langen Text flüssig lesen. ☺
- Die 2. Aufgabe konnte ich lösen. 😐
- Vielleicht schreibe ich noch Margits Brief an ihren Papa. ☺

Erlebt – geträumt – erfunden

Mio bei den Prärieindianern

Mio hat ein eigenes Baumhaus. Er liest dort oder träumt vor sich hin. Niemand stört ihn. Nur Koa, sein Kuschel-Koalabär, ist immer dabei. Heute liest Mio ein Buch über das Leben der Prärieindianer.

Mio liest ein Buch über Indianer.

Der Indianerjunge scheint immer lebendiger zu werden, je länger Mio das Bild betrachtet. Plötzlich sitzt Mio mit Koa und dem Indianerjungen auf einem Hügel und schaut auf das **Dorf** eines Indianerstammes. „Ich bin Hoka“, sagt der fremde Junge. „Dort, in einem der **Tipis**, wohnt meine Familie.“

„Schau“, sagt Koa, „wie schön bemalt die Tipis sind! Sie sind im Kreis angeordnet. Alle Eingänge weisen nach Osten, wo die Sonne aufgeht.“ Aus einigen Tipis steigt Rauch auf. Zwischen den Tipis stehen Frauen und Männer.

Mio trifft den Indianerjungen Hoka.

Vor dem Lesen → Lesetipp 2, S. 186

„Dort kommt meine Großmutter mit meinen beiden Schwestern Takuni und Rasa“, bemerkt Hoka. „Meine Großmutter weiß alles über Tiere und Pflanzen.“ „Wir wollen mit Großmutter Bohnen sammeln!“, rufen die beiden Mädchen schon von Weitem. „Möchtet ihr uns begleiten?“, fragt die Großmutter, als sie bei den Jungen ankommt. Die Jungen gehen gerne mit.

Mio entdeckt **Präriekraniche**.

Auf dem Weg zum Waldrand zeigt die Großmutter den Kindern einige **Präriekraniche**, die kreischend davonfliegen. „Wenn die Kraniche schreien“, erklärt die Großmutter, „wechselt das Wetter!“ Sie schauen zum Himmel hinauf. Dort segeln einige grauweiße Wolken dahin. Großmutter meint: „Heute Abend wird es regnen!“

Die kleine Gruppe hat nun den Waldrand erreicht. „Schaut mal, ob ihr Wiesenmäuse entdecken könnt!“, fordert Großmutter die Kinder auf. „Wir suchen die dicken **Erdbohnen**, die sie emsig in ihren Bau geschafft haben.“

„Diese Bohnen wachsen in einer Schote unter der Erde und sind im dichten Präriegras nur schwer zu finden“, erklärt Großmutter. „Die **Wiesenmäuse** tragen diese Erdbohnen in großen Mengen als Vorräte für den langen Winter in ihre unterirdischen Baue." Plötzlich zeigt Rasa auf eine Stelle im Gras und ruft: „Dort ist eine Maus verschwunden!" „Gib mir den Grabstock!", sagt Großmutter zu Takuni.

Die alte Frau gräbt nun an der bestimmten Stelle die Erde auf. Bald liegt vor den staunenden Kindern ein großer Mäusebau randvoll mit Erdbohnen.

Mio sammelt mit den Indianern Erdbohnen.

Takuni erzählt Mio: „Gekocht, zerstampft und mit Fleisch vermischt ergeben diese Bohnen ein Festessen."

Vorsichtig schiebt Großmutter mit der Hand die Erde wieder über den Mäusebau und gräbt noch an mehreren anderen Stellen.

Immer nimmt sie nur eine Handvoll Bohnen heraus. Hoka fragt: „Großmutter, woher weißt du, wo du graben musst?“ Sie antwortet: „Siehst du die kleinen Erdhügel? Darunter ist der Mäusebau mit den Erdbohnen.“ Schließlich ist der ganze Lederbeutel mit leckeren Erdbohnen gefüllt.

Mio hat alles staunend miterlebt. Er hat noch so viele Fragen. Aber Großmutter mahnt: „Wir machen uns rasch auf den Heimweg!“ Kaum haben sie das Lager erreicht, da spüren sie die ersten Tropfen auf der Haut. Es beginnt zu regnen, wie Großmutter gesagt hat.

Mio erwacht in seinem Baumhaus.

Mio hört plötzlich das Trommeln der Regentropfen auf dem Dach seines Baumhauses. Er ist aufgewacht. Hoka aber ist wieder ein Bild in seinem Buch. Er scheint Mio anzulächeln.

Noch mehr über die Indianer kannst du in dem Buch „Im Lande der Prärieindianer“ von Patricia Theisen und Thomas Thiemeyer erfahren.

Indianer Nordamerikas

So wohnten die Indianerstämme in Nordamerika:

Küsten-Indianer

An der Nordwestküste bauten die Indianer Häuser aus dicken Holzbrettern. Sie waren sesshaft und lebten vom Fischfang. Sie jagten auch Robben und kleine Wale.

Wald-Indianer

Im Nordosten bauten die Indianer Wigwams mit einem kuppelförmigen Dach. Das Gerüst aus Stangen wurde mit Birkenrinde gedeckt. Die Waldindianer lebten von der Jagd und vom Fischfang und pflanzten Mais, Bohnen und Kürbis an.

Puebloindianer

Im Südwesten bauten die Indianer mehrstöckige Lehmhäuser. Sie wurden an Felswände gebaut, damit sie geschützt waren. Die Pueblo-Indianer pflanzten vor allem Mais an.

Prärieindianer

In der Prärie hatten die Indianer keine festen Häuser. Sie folgten den Bisonherden und hatten daher Zelte. Das Tipi war im Winter warm. Die Feuerstelle war mitten im Zelt. Die Tipis waren meist schön bemalt.

Kapitän Kralle

Pünktlich kommt der Zug im Bahnhof von Norddeich an. Der Schaffner ruft noch: „Viel Spaß auf Norderney!“ und lacht. „Lasst euch aber nicht von Kapitän Kralle fangen!“ Jörg, Hans und Felix winken zurück. „Wer ist denn Kapitän Kralle?“, fragt Felix seinen großen Bruder. „Erzähle ich dir später“, sagt Jörg.

Die Geschwister fahren zum ersten Mal allein zu ihren Großeltern und freuen sich auf die Ferien auf der Insel Norderney. „Da ist Opa!“, ruft Hans. Opa umarmt seine Enkel. Dann geht es weiter mit der Fähre zur Insel Norderney. Vom Festland ist bald nichts mehr zu sehen. Da taucht im Nebel ein Schiff auf und verschwindet wieder. „Das ist vielleicht Kapitän Kralle auf seinem Geisterschiff“, meint Jörg.

Die Fähre legt an. Mit dem Auto geht es weiter. Vor der Haustür wartet schon Oma und schließt die Kinder herzlich in die Arme. Am Abend dann, als die Jungen in ihren Betten liegen, will Felix endlich alles über Kapitän Kralle erfahren.

Jörg erzählt:*

„Vor über dreihundert Jahren fuhr ein böser Seeräuber über das Meer. Er löschte das Licht im Leuchtturm und entzündete ein neues Feuer an einer anderen Stelle des Strandes. Die Schiffe steuerten nun auf das Licht

Vor dem Lesen → Lesetipp 3, S. 187

*Hinweis: Die blaue Fläche markiert die Geschichte, die Jörg über Kapitän Kralle erzählt.

der Piraten zu und blieben im Sand stecken. Hier warteten schon die Piraten und plünderten die gestrandeten Schiffe.
Dann segelten sie mit ihrem Piratenschiff zu ihrem Versteck.

Einmal, in einer stürmischen Winternacht, wartete der Kapitän mit zwanzig seiner fiesesten Kumpel am Strand von Norderney auf ein Handelsschiff. Die Piraten waren mit Messern, Äxten und Schwertern bewaffnet. Sie waren übel gelaunt, weil es hier draußen kalt und ungemütlich war."

Felix hält es in seinem Bett nicht mehr aus. Draußen hört er das Meer rauschen. Die Flut ist da. Er zittert. „Mir ist kalt", sagt er entschuldigend und klettert zu Hans ins Bett. Er kuschelt sich an seinen Bruder. Aber er sagt tapfer: „Erzähl weiter!"

Jörg fährt fort:

„Nach einiger Zeit tauchte endlich das Handelsschiff auf, die Fair Lady. Das Schiff strandete, da sie durch das Feuer der Piraten getäuscht wurden. Der Kapitän und seine wilden Piraten stiegen schreiend mit ihren Schwertern und Äxten an Bord des Schiffes. Sie fesselten die Matrosen und nahmen aus dem Frachtraum alles mit, was sie tragen konnten.

Als der Piratenkapitän eine Kiste mit den Goldtalern hochheben wollte, entdeckte er hinter der Kiste einen Schiffsjungen. Der Kapitän drehte sich böse lachend zu seinen Kumpanen um.

In diesem Moment schlug der Junge mit einer Axt dem Kapitän die linke Hand ab. Der Kapitän sank ohnmächtig zu Boden.

Die Piraten trugen ihren Kapitän auf das Schiff zurück. Dort behandelte ein Schiffsarzt die Wunde. Der Schiffsschmied fertigte eine künstliche Hand an. Aber diese eiserne Hand sah eher aus wie eine Kralle. Seit dieser Zeit hieß er Kapitän ‚Kralle'.

Als Kapitän Kralle aus seinem Fieber erwachte, waren seine ersten Worte: ‚Wo ist der Junge?' Die Piraten wussten es nicht. Viele Jahre später starb Kapitän Kralle am Galgen mit den Worten: ‚Ich komme wieder und hole mir den Jungen!'

Seit dieser Zeit erzählt man sich auf Norderney, dass Kapitän Kralle mit seinem Geisterschiff den Jungen sucht, wenn die Insel und das Meer in dichten Nebel gehüllt sind."

„Das ist ja wirklich gruselig", meint Hans.
Felix schluckt und sagt kein Wort.

Berühmte Piraten und Piratinnen

Piraten waren die Räuber der Meere.
Sie kaperten Handelsschiffe und raubten ihre wertvolle Fracht.

Klaus Störtebeker ist der berühmteste deutsche Seeräuber. Er wurde um das Jahr 1360 geboren und kaperte Schiffe in der Ost- und Nordsee. Vor der Insel Helgoland wurde er gefangen und enthauptet. Seinen riesigen Piratenschatz hat bis heute keiner gefunden.

Pirat Blackbeard (Schwarzbart) war der berühmteste Pirat in der Karibik. Er befestigte an Bart und Hut brennende Lunten. So konnte er schnell seine Flinte abfeuern. In einem schweren Gefecht mit der englischen Marine wurde er im Jahr 1718 getötet.

Anne Bonny und **Mary Reed** waren die wildesten Piratinnen der Geschichte. 1720 wurde ihr Piratenschiff von einem Kriegsschiff vor Jamaika angegriffen. Alle Piraten waren betrunken und versteckten sich unter Deck. Mary Reed und Anne Bonny kämpften alleine. Die Piraten wurden hingerichtet, beide Frauen aber begnadigt.

Datei Bearbeiten Ansicht Chronik Lesezeichen Extras Hilfe

Ebbe und Flut

www.

Home | Mond aktuell | Basiswissen | Verschiedenes

Ebbe und Flut

Jeder Urlauber an der Nordsee hat das schon erlebt: Man geht zum Strand und möchte schwimmen, aber das Meer ist nicht mehr da. Wo vor wenigen Stunden noch Fischerboote fuhren, ist nur noch feuchtes Land zu sehen. Man nennt es Watt. Wo ist das Wasser hingeflossen? Warum ist es in wenigen Stunden wieder da?

Es dauert sechs Stunden, in denen das Wasser steigt. Das ist die Flut. Danach sinkt der Wasserspiegel wieder sechs Stunden. Dann ist die Zeit der Ebbe. Viele Kinder haben es schon einmal gehört: Ebbe und Flut hängen mit dem Mond zusammen. Das stimmt!

Wie du bestimmt weißt, hat die Erde eine **Anziehungskraft**. Die Erde zieht dich an, sonst würdest du einfach in den Weltraum sausen. Du landest nach einem Luftsprung immer wieder auf der Erde, selbst wenn du sehr hoch springen kannst.
Der Mond und die Erde ziehen sich gegenseitig an.
Die Anziehungskraft der Erde sorgt dafür, dass der Mond nicht im Weltraum verschwindet. Die Anziehungskraft des Mondes reicht aus, um das Meerwasser auf der Erde ein wenig anzuheben. Dort wo der Mond über der Erde steht, bildet sich ein Wasserberg. Das ist die Flut.

Neben der Anziehungskraft ist eine zweite Kraft wichtig: die **Fliehkraft**. Bist du schon einmal Kettenkarussell gefahren? Dann kennst du das: Sobald die Fahrt losgeht, wirst du mitsamt deinem Sitz nach außen gedrückt. Du hebst ab in die Luft – so als wolle der Sitz mit dir vor dem Karussell fliehen. Das ist die Fliehkraft.

Auch das Meerwasser will von der Erde fliehen – genauso wie du auf dem Karussell. Das Wasser erhebt sich ein wenig. So entsteht ein zweiter Flutberg auf der gegenüberliegenden Seite der Erde. Die Erde dreht sich in 24 Stunden einmal um sich selbst. Wir haben zweimal am Tag Ebbe und Flut.

Flucht im Dschungel

Leni spielt ein Computerspiel. Lars, ihr großer Bruder, hat es mitgebracht. Es heißt „Flucht im Dschungel“.

Luh, die Tochter des Häuptlings, ist auf der Flucht durch den Dschungel. Krieger des feindlichen Nachbarstammes wollen sie fangen und Lösegeld von ihrem Vater erpressen.

Mit dem Joystick* kann Leni die Häuptlingstochter steuern.

Die feindlichen Krieger sind hinter Baumstämmen oder Felsen versteckt. Wenn Luh in ihre Nähe kommt, werfen die Krieger ihre Netze. Dann duckt sich Luh, um nicht gefangen zu werden. Sie kann auch nach rechts und links springen. Luh erreicht schnell die Hütten ihres Stammes. Leni ist sehr geschickt. Lars lobt seine Schwester: „Du hast das zweite Level erreicht. Da geht alles schneller und du bekommst eine Machete. Damit kannst du die Netze durchschneiden.“ Leni hat das Spielfieber gepackt. Sie will gleich das nächste Level spielen.

* Ein Joystick ist ein Eingabegerät für den Computer.

Da kommt Mutter ins Zimmer: „Leni, es ist acht Uhr. Bitte, Zähneputzen und Schlafengehen. Du kannst morgen wieder spielen.“

Leni bricht das Spiel enttäuscht ab und meint: „Gerade bin ich in Hochform. Darf ich wenigstens ...?“

Leni zieht die Bettdecke bis zum Hals. Als sie die Augen schließt, sieht sie wieder Luh und die feindlichen Krieger vor sich. Da schwirrt ein Netz von rechts heran, ein zweites von links. Luh ist gefangen. Mit der Machete will Leni die Netze durchschneiden, aber die Krieger sind schneller. Sie zerren Leni zu Boden. Die heiße Sonne brennt auf ihrem Gesicht ...

Leni wacht auf und schreit: „Mama, Lars!“ Schweißnass sitzt sie in ihrem Bett. Mama kommt ins Zimmer und knipst das Licht an. Sie setzt sich zu Leni auf das Bett und legt den Arm um ihre Schultern. Leni beruhigt sich langsam. Mutter holt ein Glas Wasser. Leni trinkt einen Schluck und sagt: „Zum Glück nur ein Traum.“

Der Computer-Arbeitsplatz

Der **Computer** (sprich: Kompjuter) heißt auch **PC** (Personal Computer) oder **Rechner**. Wenn man heute von einem Computer spricht, meint man in der Regel den gesamten Computer-Arbeitsplatz und nicht nur den Computer selbst. Dieser befindet sich nämlich im Computer-Gehäuse.

Auf dem folgenden Bild erkennst du alle wichtigen Teile und Geräte, die zu einem Computer-Arbeitsplatz gehören.

Unter dem Bild steht, wie man die einzelnen Geräte und Teile nennt.

① Monitor = Bildschirm
② Computer-Gehäuse
③ CD-ROM-Laufwerk
④ Lautsprecher
⑤ Tastatur
⑥ Maus
⑦ Mauspad (sprich: Mauspäd) = glattes Schiebefeld für die Maus
⑧ Headset (sprich: Hädset) = Kopfhörer und Mikrofon in einem
⑨ Drucker
⑩ Scanner (sprich: Skänner) = liest Fotos oder Texte in den Computer ein

Ohne Worte

Der Lindwurm

Gute Freunde

Die Rettung

Mio bei den Prärieindianern, S. 48 – 52

1. a) Lies die Überschrift und schaue dir die Bilder an (Lesetipp 2). Was wird in der Geschichte vorkommen?
   b) Lies mit einem Partner die Zeilen 1 – 51. Schreibt zu den fett gedruckten Wörtern im Text jeweils einen Satz.
   c) Besprecht eure Ergebnisse in der Klasse. Was können wir von den Indianern lernen?
2. Lest die Kurztexte über die Indianer Nordamerikas (S. 52). Was wisst ihr noch über Indianer?

Kapitän Kralle, S. 53 – 57

1. Lest die Zeilen 1 – 20. Womit reisen die Kinder zu den Großeltern (Zeile 1, 12, 17)? Was wird über Kapitän Kralle gesagt?

> Tipp 3
> **Lesetipp 3 – Personen gut kennenlernen** (siehe Seite 187)
> Lerne jede wichtige Person in einer Geschichte gut kennen. Beachte, was sie tut. Überlege, was sie denken könnte.

2. Welche Gedanken und Gefühle haben Jörg, Hans und Felix?
3. Lest die Erzählung von Jörg und findet zu jedem Bild eine Überschrift.

4. Jörgs Erzählung soll in der Klasse vorgelesen werden. Übt einen der Abschnitte und gebt euch Tipps.
5. Lest die Abschnitte vor. Die Zuhörer bewerten den Vortrag. Wer hat gut gelesen? Woran habt ihr das gemerkt?
6. Lest die Kurztexte über berühmte Piraten und Piratinnen (S. 57). Was wisst ihr noch über Piraten?

Ebbe und Flut, S. 58/59

Lesetipp 4 – Sachtexte verstehen (siehe Seite 187)
Stelle einem Partner Fragen zum Text, dann verstehst du selbst den Inhalt besser. Fotos und Modelle helfen dir beim Verständnis des Textes.

1. Erstellt in der Klasse ein Quiz zum Thema „Ebbe und Flut“.
   - Finde mit einem Partner einfache Fragen, die im Text beantwortet werden, z. B. „Wie viele Stunden liegen zwischen Ebbe und Flut?“
   - Tauscht eure Fragen mit denen einer anderen Gruppe.
   - Besprecht in der Klasse, welche Fragen euch am besten gefallen haben.
   - Sammelt die fünf besten Fragen und gestaltet ein Plakat für die anderen Klassen.

2. Bastelt in der Klasse ein Modell der Erde, des Mondes und der Wasserberge.

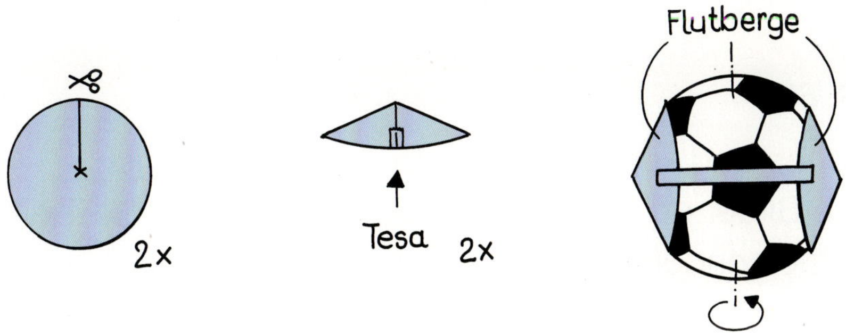

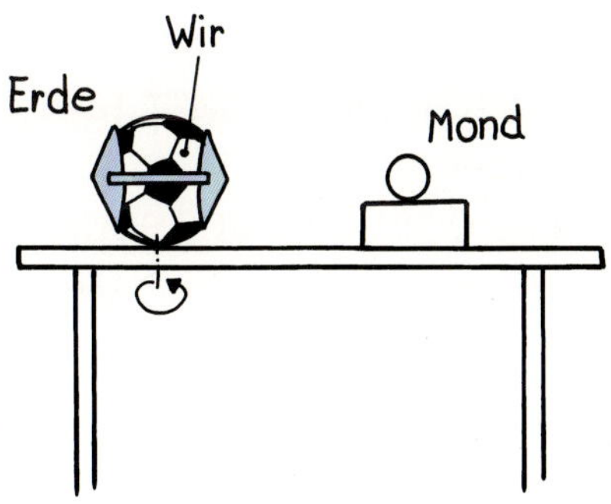

Flucht im Dschungel, S. 60–61

1. Spielst du auch gerne am Computer?
   Welche Spiele sind das und wie heißen sie?
2. Gibt es ein Computerspiel, ein Buch oder einen Film, in dem du auch gerne einmal die Hauptrolle übernehmen würdest? Bedenke, dass dir wie Leni in der Geschichte gute und schlechte Dinge geschehen können. Begründe deine Auswahl.

Der Computer-Arbeitsplatz, S. 62

Lesetipp 5 – Eigene Kenntnisse einbringen (siehe Seite 188)
Was weißt du schon über das Thema? Hast du eigene Erfahrungen?
Deine Kenntnisse nutzen dir und auch deinen Mitschülern.

1. Habt ihr auch einen Computer zu Hause?
2. Welche Teile und Geräte kennst du schon?
3. Welche Teile und Geräte habt ihr auch / habt ihr nicht?
4. Wofür benutzt du und deine Familie einen Computer? Tausche dich mit einem Partner aus und schreibt gemeinsam eure Ergebnisse auf.

Ohne Worte, S. 63

1. Bildet 3er-Gruppen und sucht euch einen der Comics aus. Schaut euch die Bilder an. Was passiert? Was könnten die Tiere und die Menschen zueinander sagen? Schreibt mithilfe der Bilder eine kurze Geschichte. Lest euch gegenseitig eure Geschichten vor.
2. Welche anderen Comics kennt ihr? Sammelt die Titel an der Tafel.
3. Stelle dir vor, jemand fragt dich, was dein Lieblingscomic ist. Beschreibe dein Lieblingscomic und finde Gründe, warum er es lesen soll. Diese Sätze helfen dir:
   - Wie heißt die Comicserie?
   - Um wen geht es in dem Comic?
   - Vervollständige den Satz: „Das Comic gefällt mir, weil …“
4. Ist der Vogel in „Die Rettung“ wirklich in einem Kasten gefangen? Erklärt.

1. Lest die Sätze und ersetzt jeweils das Wort, das nicht passt.
   Das richtige Wort findet ihr auf einem Bild neben dem Text.

Das Baumhaus

Heute wollen Papa und Mio
das Baumhaus im Keller bauen.

Glücklicherweise steht
ein geeigneter Turm hinter dem Haus.

Mama und Mia haben schon die Bretter
und den Picknickkorb geholt.

Papa klettert auf das Dach.

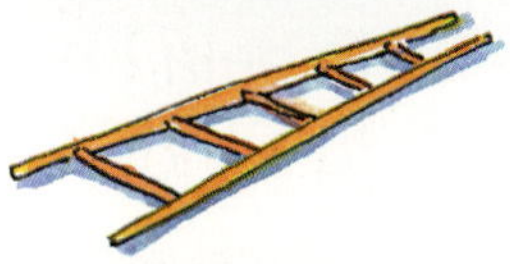

Er schraubt die Bretter
mit dem Löffel an den Baum.

Mia reicht ihm die Brötchen hoch.

Mama und Mio arbeiten
mit dem Brotmesser.

Sie sägen die Brote
auf die richtige Länge zu.

Mio und Mia freuen sich
auf das neue Kinderzimmer.

2. Lest den Text noch einmal mit den richtigen Wörtern vor.

3. Sechs Wörter passen nicht.
Schreibt die Wörter auf. Sie ergeben einen Satz.
Vergleicht eure Ergebnisse.

Piraten kaperten Handelsschiffe Räuber und raubten ihre Fracht.
Klaus Störtebeker war auf der berühmteste deutsche Seeräuber.
Er wurde um das Jahr 1360 dem geboren.
Im Jahr 1401 wurde Meer er gefangen und hingerichtet.
Theatervorführungen auf heißen der Insel Rügen erzählen
Piraten die Taten und das Ende des Seeräubers.

Lerntagebuch

Schreibe in dein Lerntagebuch, was du gelernt hast.
Stelle dir folgende Fragen zu den gelesenen Texten:

- Konnte ich den Text flüssig lesen?
- Habe ich den Text verstanden?
- Konnte ich die Aufgaben zum Text lösen?
- Wie finde ich den Text? Was möchte ich noch aufschreiben?

Schätze dich selbst ein: Male ☺ 😐 ☹.

Was möchtest du noch üben?

Hier ein Ausschnitt aus Hannas Lerntagebuch:

Ebbe und Flut

- Ich habe den Text zweimal gelesen.
Ich hatte beim ersten Mal nicht alles verstanden. 😐
- Wir haben mit unserer Lehrerin das Modell gebastelt.
Danach haben wir den Text in Abschnitten gelesen
und den Ball immer weitergedreht. ☺
- Jeder hat Fragen zum Text aufgeschrieben.
Die 5 besten Fragen haben wir auf ein Plakat geschrieben.
Das soll ein Quiz für die Klasse 2b werden.
Ich bin gespannt, ob sie die richtigen Antworten finden. ☺

Kinder und Tiere

Ein Welpe kommt ins Haus

Die achtjährige Tina und ihr etwas älterer Bruder Alex hatten ihre Ferien auf einem Reiterhof verbracht. Tina und Alex waren begeisterte Ponyreiter. Zusammen mit ihren Eltern sahen sie sich die Ferienfotos an.

„Schaut mal, das ist Marion, unsere Reitlehrerin“, erklärte Tina. „Und da läuft Nette. Bei jedem Ausritt war sie dabei“, sagte Alex. „Sie ist eine Labradorhündin und kann ganz toll schwimmen“, fügte er hinzu und lachte. „Weißt du noch, Tina, wie wir mit ihr im See gespielt haben? Das war toll!“ Tina nickte und schaute dann ihre Eltern bittend an: „Wir wünschen uns so sehr einen Hund – so einen wie Nette. Nette bekommt bald Junge!! Marion hat es mir geschrieben.“

Für Mama kam dieser Wunsch nicht überraschend. Papa sagte: „Das ist nicht so einfach. Ein Hund ist kein Spielzeug. Er will jeden Tag spazieren gehen. Er will regelmäßig sein Futter. Er braucht auch einen Platz, wo er sich ausruhen kann.“ „Wir werden für alles sorgen!“, versprach Tina aufgeregt. „Sein Körbchen stellen wir in den Flur, neben die Kommode. Da kann er schlafen“, schlug Alex vor. Auch die Eltern mochten Hunde gern. Also beschloss Familie Schuster einstimmig, einen Hund aufzunehmen.

Ein Anruf bei der Reitlehrerin bestätigte, dass Nette ihre Hundebabys bekommen hatte. Tina und Alex jubelten, auch die Eltern freuten sich.

Als die Welpen vier Wochen alt waren, fand der erste Besuch statt. Die Schusters wurden von den Hundebabys stürmisch begrüßt. Ein Welpe rannte direkt auf Tina zu.

„Den nehmen wir!", bedrängte Tina ihre Eltern. „Da hast du ein kleines Hundemädchen ausgesucht. Aber du kannst es nicht gleich mitnehmen", wehrte Marion ab, „die Welpen bleiben etwa vierzehn Wochen bei uns. Sie müssen von ihrer Mutter die Hundesprache lernen und viel miteinander spielen. Das ist sehr wichtig für Hundebabys! In der Zwischenzeit könnt ihr euch einen Namen ausdenken. Er sollte mit ‚B' beginnen, weil das der zweite Wurf von Nette ist."

Auf der Heimfahrt wurde ein passender Name gesucht. Alle machten Vorschläge und riefen durcheinander. Mama unterbrach: „Wir könnten sie Bella nennen. Der Name beginnt mit ‚B', ist Italienisch und heißt auf Deutsch ‚die Schöne', was meint ihr?" Diesem Vorschlag stimmten alle zu.

Die nächsten Wochen vergingen viel zu langsam. Aber dann war es so weit. Schusters konnten ihren Welpen auf dem Reiterhof abholen.

„Bella soll sie heißen, weil sie so schön ist!“, verkündete Tina. „Und mit ‚B‘ beginnt der Name auch“, fügte Alex hinzu. „Den Namen habt ihr gut ausgesucht“, lobte Marion die Kinder. Papa bezahlte den Kaufpreis und sie traten die Heimreise an.

Bella kuschelte zwischen Tina und Alex im Körbchen. „So kann sie sich gleich an ihr neues Zuhause gewöhnen“, bemerkte Alex mit sachkundiger Miene.

Das Autofahren war für Bella nicht neu. Marion hatte Nette und die Welpen im Geländewagen mitgenommen, wenn sie die Pferdekoppeln kontrollierte.

Zu Hause brachten Tina und Alex Bella gleich zu ihrem Schlafplatz. Sie legten die gelbe Hundedecke in das Körbchen und Bella kuschelte sich hinein. Sie war müde und schlief bald ein.

„Heute Nacht werde ich mit Bella kurz in den Garten gehen, damit sie Pipi machen kann. Wir müssen das regelmäßig tun, immer an die gleiche Stelle im Garten. Dann wird sie schnell stubenrein!“, sagte Mutter.

Tina und Alex fiel es schwer, Bella im Körbchen allein zu lassen. „Ob sie ihre Wurfgeschwister sehr vermisst?“, fragte Tina. Alex beruhigte sie: „Morgen früh spielen wir gleich mit ihr. Dann wird sie die Trennung schnell überwinden.“

Nun gingen alle zu Bett. Tina ließ die Tür zu ihrem Zimmer offen und lauschte angestrengt, ob Bella ruhig schlafen würde. Bald fielen auch Tina die Augen zu. Die Familie war um einen munteren kleinen Hund reicher geworden.

Der Kuckuck – ein seltsamer Vogel

Birgit ist eine Vogelfreundin. Sie kennt fast alle Vogelarten in ihrem Garten und auf den Feldern in ihrer Gegend. In diesem Frühjahr will Birgit endlich einen Kuckuck mit eigenen Augen sehen. Seinen Ruf hat sie schon einmal gehört. Am nächsten Samstag will sie zusammen mit Papa einen Versuch starten.

Als sie die hohen Bäume am Waldrand fast erreicht haben, ruft der geheimnisvolle Vogel zum ersten Mal seinen Namen: „Kuckuck! Kuckuck!“ Birgit ist aufgeregt und kann die Arme und Beine kaum ruhig halten. Da ist es wieder zu hören – lauter als vorher: „Kuckuck!“ Papa sagt leise: „Das ist ein Kuckuck-Männchen! Es will ein Weibchen in sein Revier locken.“

Um den Vogel näher heranzulocken, bildet Papa mit beiden Händen einen Hohlraum. Durch den schmalen Spalt zwischen den Daumen bläst er hinein: „Kuckuck! Kuckuck!“ Da tönt es vom höchsten Baum herab: „Kuckuck! Kuckuck!“ Immer schneller sind die Rufe zu hören. Papa sagt: „Er verteidigt sein Revier gegen andere Männchen.“

Vor dem Lesen ⇢ Lesetipp 6, S. 188

„Jetzt kann ich ihn sehen: Wo hat er wohl sein Nest?“, flüstert Birgit aufgeregt. Papa meint: „Er baut kein Nest. Das Kuckuck-Weibchen legt sein Ei in das Nest anderer Vögel. Nach etwa zwei Wochen schlüpft der junge Kuckuck aus und wirft die anderen Eier oder Jungen aus dem Nest. Durch schnelles Flügelschlagen und Rufen treibt er seine Pflegeeltern an, Nahrung heranzuschaffen.
Ein Weibchen kann im Jahr bis zu zwanzig Eier legen.“

Birgit kann kaum fassen, was sie gerade erfahren hat.
„Das finde ich gemein, die armen Vogelkinder!“, murmelt sie leise.
Papa meint: „Der Kuckuck folgt nur seinem Instinkt.“

Papa erzählt weiter: „Im Herbst fliegen die Jungvögel später als ihre Eltern nach Afrika. Wie alle Zugvögel finden sie den Weg automatisch. Es ist ihnen angeboren.“

Birgit staunt: „Vögel haben also ein eingebautes Navi?“

„So ungefähr!“, lacht Papa.

Pausenlos beobachtet Birgit den Vogel. Durch das Fernglas erscheint er sehr groß. Das grau gestreifte Gefieder ist deutlich zu erkennen.

Da ertönt von Weitem ein zweiter Ruf: „Kuckuck! Kuckuck!“ Mit schnellem Flügelschlag entfernt sich der erste Kuckuck. Er muss sein Revier verteidigen und den Rivalen vertreiben. Birgit folgt ihm mit dem Fernglas, bis er nicht mehr zu sehen ist.

Zugvögel

Sie fliegen von ihren Brutgebieten zu ihren Winterquartieren und wieder zurück. Jährlich sind etwa fünf Milliarden Vögel zwischen Europa und Afrika unterwegs.

Weißstorch

Die **Weißstörche** brüten bei uns und überwintern in Afrika. Sie legen bis zu 10 000 Kilometer zurück. Die ersten Storchenmännchen kommen im Februar und März in Deutschland an. Während die Männchen auf die Ankunft der Weibchen warten, wird das alte Nest schon etwas ausgebessert.

Star

Unsere **Stare** überwintern am Mittelmeer und in Nordafrika. Sie fliegen 1 000 bis 2 000 Kilometer. Anfang September ziehen die Stare weg. Im Februar und März kommen sie zurück. Gerne brüten die Stare in Brutkästen. Sie können den Gesang von anderen Vögeln, Hundegebell oder Klingeltöne von Handys nachahmen.

Rauchschwalbe

Rauchschwalben haben früher in offenen Kaminen gebrütet; daher kommt ihr Name. Heute bauen Schwalben ihre Nester in Ställen und Scheunen. Die Nester bestehen aus lehmhaltiger Erde, die mit Speichel zusammengeklebt und mit Grashalmen verstärkt werden. Ihre Zugstrecke beträgt bis zu 13 000 Kilometer.

Endlich Reitstunden!

Annes Traum

Anne war elf Jahre alt und hatte nur einen Wunsch: ein Pony. Sie würde so gern auf einem Pony frei und fröhlich durch die Gegend reiten. Natürlich würde sie es gut füttern und sorgfältig pflegen. Wie gute Freunde könnten sie die Zeit miteinander verbringen.

Leider konnten ihr die Eltern kein Pony kaufen. Aber Anne hatte Glück. Nicht weit entfernt gab es einen Bauernhof mit drei Ponys. Der Hof gehörte Familie Singler. Ihre Feriengäste durften die Ponys reiten.

Auf dem Ponyhof

Anne fuhr oft mit dem Fahrrad zum Singler-Hof. Wenn die Ponys auf der Koppel waren, blieb sie lange dort. Sie schaute den Ponys zu, sprach mit ihnen und streichelte sie. Manchmal brachte Anne ein paar Karotten mit. Die waren ein richtiger Leckerbissen für die Ponys. Frau Singler kannte das Mädchen schon und fragte sie einmal: „Na, du, willst du mir beim Striegeln der Ponys helfen?“ Überglücklich antwortete Anne: „Ja, ja, gerne!“

Vor dem Lesen → Lesetipp 1 bis 7, S. 186 bis 189

Von diesem Tag an durfte sie mithelfen, die Ponys zu putzen und zu pflegen. Annes Lieblingspony hieß Heidi. Es war ein schönes, großes Tier mit weißem Fell. Anne pflegte Heidi besonders gern.

Sie bürstete das Pony sorgfältig von oben nach unten, so wie das Fell gewachsen ist. Mit dem Pferdekamm kämmte sie Heidis Mähne und Schweif. Sie vergaß auch nie, die Hufe auszukratzen. Da sollte kein Steinchen stecken bleiben.

Frau Singler freute sich, wenn Anne kam und ihr half. Bald durfte Anne ein Pony am Halfter führen, wenn die kleinen Kinder der Feriengäste ausreiten wollten.

Die kleine Reitergruppe trabte erst einen Feldweg entlang. Dann ritt sie hinauf zu einem hellen Weg am Waldrand. Von dort ging ein Pfad wieder hinunter auf eine Wiese und weiter bis zum Hof zurück. Die Ponys kannten den Weg bei einem solchen Ausflug sehr gut. Es war immer derselbe. Anne führte gerne die Ponys am Halfter, aber noch viel, viel lieber wäre sie selbst auf einem Pony geritten.

Annes erster Ausritt

Eines Tages durfte Anne wirklich allein ausreiten. Auf Heidi, ihrem Lieblingspony, konnte sie bestimmt gut reiten. Heidi kannte den Weg und ging ganz ruhig. Anne war aufgeregt. Sie wollte heute einen längeren Weg nehmen als sonst.

Als sie zu der Stelle kamen, wo der Pfad zum Hof abzweigte, wollte Anne geradeaus zum Waldsee reiten, aber Heidi ging stur den gewohnten Weg hinunter.

Anne versuchte, mit dem Pony umzukehren. Mit einer Hand hielt sie sich am Sattelknauf fest, mit der anderen Hand zog sie an den Zügeln. „Kehr um, kehr um!“, rief sie dazu. Aber vergeblich. Anne konnte ihren Willen nicht durchsetzen. Heidi schüttelte nur die Mähne und trottete weiter bis zum Hof. Anne sattelte das Pony ab und führte es auf die Weide. Danach radelte sie enttäuscht nach Hause.

Annes Reitstunden

Als sie ihre Mutter sah, rief sie: „Ich muss reiten lernen! Ich will dem Pony sagen können, was es tun soll!“ Die Eltern erfüllten Annes Wunsch und fanden eine Reitlehrerin. Sie kauften auch einen Reiterhelm als Kopfschutz. Anne erhielt sogar gebrauchte Reitstiefel in ihrer Größe.

Endlich Reitstunden! Anne lernte erst einmal, wie man richtig auf einem Pferd oder Pony sitzt. Sie musste sich freihändig auf dem Sattel halten, und das war gar nicht so leicht bei dem schaukeligen Gang des Tieres. Dann lernte sie das Pony mit den Zügeln nach links und rechts zu lenken. Die Gangart Galopp gefiel ihr am besten.

Endlich konnte Anne ohne Bedenken mit Heidi ausreiten. Das Pony machte, was sie wollte. Jetzt ritt Anne froh und glücklich auf ihrem Lieblingspony durch die Gegend. So hatte sie es sich immer gewünscht.

Das Pferde-Magazin

Pferde helfen Menschen

Wir stellen Fragen an die Ergotherapeutin Marion Kempf. Sie bietet ihren Patienten eine Heilbehandlung mit Pferden an. Zum Reiten meint sie: Es bringt die Menschen ins Gleichgewicht – ihren Körper und ihre Gefühle.

Wer kommt in Ihre Praxis?

„In meine Praxis kommen vor allem Kinder und Jugendliche. Manche sind so schüchtern, dass sie sich gar nichts zutrauen. Andere können sich nicht konzentrieren, können nicht deutlich sprechen oder sie sitzen im Rollstuhl und haben zu schwache oder verkrampfte Muskeln."

Wie kann ein Pferd helfen?

„Ein Reiter muss die Bewegungen des Pferdes mitmachen und ausgleichen, sonst würde er einfach herunterfallen. Der Reiter lernt, sich zu konzentrieren, und bewegt viele Muskeln. Damit trainiert er sie. Außerdem wird man mutig, wenn man auf einem so großen Tier sitzt.

Es ist auch wichtig, dass die Patienten mit dem Pferd ruhig umgehen. Dadurch werden sie selbst ruhiger und entspannter. Ein Beispiel: Ein wildes und lautes Kind bemüht sich sehr, ruhig zu sein, damit das Pferd keine Angst bekommt. So etwas freut mich."

Ergotherapeutin Marion Kempf

Eignet sich jedes Pferd für eine solche Heilbehandlung?

„Nein. Das Pferd muss einen freundlichen und ruhigen Charakter haben. Es darf nicht ängstlich und nervös sein. Ich arbeite mit Shetlandponys und Isländern. Das sind robuste Pferderassen mit guten, starken Nerven."

Vielen Dank für das Gespräch.

Das Wort „Ergotherapie" kommt aus dem Griechischen. Man versteht darunter eine Heilbehandlung mit verschiedenen Arbeiten und Tätigkeiten.

Ein Welpe kommt ins Haus, S. 70 – 73

1. a) Lies die Überschrift und schaue dir die Bilder an (Lesetipp 2).
Wovon wird die Geschichte handeln?
b) Bildet Gruppen zu vier Schülern und gebt euch einen Namen.
Lest die Zeilen 1 – 25 mit verteilten Rollen.

Name der Gruppe	flüssig	mit Ausdruck
Gruppe X	☺☺☺	☺☺☺

c) Die Zuhörer bewerten die Gruppen.

Tipp 6

Lesetipp 6 – Umgang mit längeren Texten (siehe Seite 188)
Lies einen längeren Text in Abschnitten. Schreibe zu jedem Abschnitt eine Überschrift oder ein paar Stichwörter. So erhältst du einen Überblick über den ganzen Text.

2. Jede Gruppe liest eine Seite (entweder S. 70, S. 71, S. 72 oder S. 73).
Schreibt Stichwörter und findet eine passende Überschrift.
Ein Sprecher trägt das Ergebnis in der Klasse vor.

3. Wie viele Schüler eurer Klasse haben Haustiere?
Welche Haustiere sind es?
Erstellt eine Tabelle und nennt in den Spalten eure Haustiere:
Hund, Katze, Fische …

	Hund	Katze	Fische
Mädchen			
Jungen			
zusammen			

Was zeigt euch die Tabelle?
(die meisten – etwa gleich – die wenigsten – keine)

4. „Bella“ ist Italienisch und heißt auf Deutsch „die Schöne“ (Z. 39/40).
Was bedeuten eure Vornamen? (Internet oder Vornamen-Lexikon)
Beispiel: „Ayse“ bedeutet „die Lebendige“.

Der Kuckuck – ein seltsamer Vogel, S. 74 – 77

1. Was erfährt man im Text über den Kuckuck (Lesetipp 6). Sammelt die Informationen und schreibt Stichwörter.

2. Gestaltet in der Klasse ein Plakat über diesen seltsamen Vogel.

3. Der Kuckuck ist ein Zugvogel. Kennst du weitere Zugvögel?

4. In jedem Nest liegt ein Kuckucksei. Findest du es? Was ist erstaunlich?

5. Lest die Kurztexte über die Zugvögel (S. 77). Was wisst ihr noch über Zugvögel?

Endlich Reitstunden!, S. 78 – 81

1. Lies „Annes Traum“ (Z. 1 – 15). Hast du auch einen Wunschtraum? Male ein Bild. Ihr könnt die Wunschbilder an einer Pinnwand sammeln.

2. Lest „Auf dem Ponyhof“ (Z. 16 – 47). Wie kümmert sich Anne um das Pony Heidi? Schreibt Stichwörter auf und vergleicht sie in der Gruppe.

3. Lest „Annes erster Ausritt“ (Z. 48 – 54). Welche Zeilen beschreiben Annes Schwierigkeiten?

4. Lest „Annes Reitstunden“ (Z. 63 – Ende). Warum benötigt Anne Reitstunden? Schreibt Stichwörter auf und vergleicht.

5. Hast du ein Buch über Ponys gelesen? Stelle es in der Klasse vor.

6. Du hast bisher sechs Lesetipps kennengelernt (siehe Seite 186 bis 188). Welche haben dir bei diesem Text geholfen?

Pferde helfen Menschen, S. 82

1. Lest den Text gemeinsam: Einer liest die Fragen vor, die anderen lesen abwechselnd die Antworten.
2. Gibt es im Text noch andere schwierige Wörter? Erklärt sie euch gegenseitig oder findet gemeinsam heraus, was sie bedeuten.
3. Welche anderen Tiere kennt ihr, die Menschen helfen?

Lesetraining

Sprecht die Schüttelreime schnell und fehlerlos um die Wette.

Die Menschen mögen Möwen leiden, während sie die Löwen meiden.

Es klapperten die Klapperschlangen, bis ihre Klappern schlapper klangen.

Lerntagebuch

Schreibe in dein Lerntagebuch, was du gelernt hast.
Stelle dir folgende Fragen zu den gelesenen Texten:

- Konnte ich den Text flüssig lesen?
- Habe ich den Text verstanden?
- Konnte ich die Aufgaben zum Text lösen?
- Wie finde ich den Text? Was möchte ich noch aufschreiben?

Schätze dich selbst ein: Male ☺ 😐 ☹.

Was möchtest du noch üben?

Hier ein Ausschnitt aus Hannas Lerntagebuch:

Der Kuckuck - ein seltsamer Vogel

- Zuerst habe ich noch einmal den Lesetipp 6 gelesen. Ich habe 3 Überschriften gefunden.
- Ich kenne schon viele Vögel. Ich habe den Text verstanden.
- Der junge Kuckuck findet alleine den Weg nach Afrika. Das kann ich mir nicht vorstellen.

Die Welt um uns

Wie die Bohnen wachsen

Mutter legt mehrere Tüten mit Bohnen auf den Küchentisch. Laura buchstabiert: „Buschbohnen, Stangenbohnen, Riesenbohnen." Sie fragt ihre Mutter: „Was willst du mit den Bohnen?" „Die Eisheiligen sind nun bald vorüber. Dann kann ich die Bohnen im Garten in die Erde stecken. Man sagt, dass es nun keinen Frost mehr geben wird", antwortet die Mutter.

Buschbohnen Stangenbohnen Riesenbohnen

„Aber warum willst du sie in die Erde stecken? Warum kochst du nicht eine leckere Bohnensuppe daraus?", will Laura wissen. Mutter lacht: „Ach Laura, wir brauchen doch wieder neue Bohnen. Wenn wir Bohnen in die Erde stecken, wächst aus jeder Bohne eine Bohnenpflanze. Aus ihren Blüten entwickeln sich dann Bohnenschoten, in denen viele Bohnen heranreifen."

Lorenz hat das Gespräch aufmerksam verfolgt. Nun mischt er sich ein. „Wer sind eigentlich die Eisheiligen?", fragt er. „Am 11., 12., 13. und 14. Mai haben vier heilige Männer Namenstag", antwortet Mutter. „Sie heißen Mamertus, Pankratius, Servatius, Bonifatius, und am 15. Mai fehlt nie die ‚Kalte Sophie'.

An den Eisheiligen kann es noch einmal sehr kalt werden. Vor allem in den Nächten kann es jetzt noch Frost geben. Darum decken die Gärtner empfindliche Pflanzen mit Zweigen zu. Besonders empfindliche Pflanzen säen sie erst danach aus."

„Ich verstehe", meint Lorenz, „wir könnten aber in der Wohnung schon jetzt Bohnen in Blumentöpfen in die Erde legen." „O ja!", freut sich Laura. „Eine tolle Idee", stimmt auch Mutter zu. Sie erinnert die Kinder: „Aber zum Wachsen gehören auch Licht und Feuchtigkeit dazu."

„Also stellen wir die Blumentöpfe am besten auf die Fensterbank", überlegt Laura. „Wir dürfen nicht vergessen, die Erde zu gießen", sagt Lorenz.

„Legt immer drei Bohnen nicht zu tief in die Erde", erklärt Mutter, „und denkt daran, dass Stangenbohnen in die Höhe wachsen. Ihr müsst ein langes Stöckchen in die Erde stecken, damit sich die Pflanzen daran festhalten können". Gespannt warten Laura und Lorenz auf die ersten grünen Spitzen.

Die Wiese, ein kleiner Dschungel

„Oh, war das gut!“, meint Lorenz und streckt sich ins Gras.
Laura und die Eltern stimmen zu.
Was ist schöner als ein Picknick nach einer langen Wanderung?
Alle sind satt und entspannt.

Jetzt legt sich Lorenz
auf den Bauch.
Er stützt sich
auf seine Ellenbogen,
legt den Kopf in die Hände
und schaut zwischen die hohen Grashalme.
„Da ist ja allerhand los! Das ist cool!“, ruft er erstaunt.
„Das musst du dir ansehen!“, fordert er seine Schwester Laura auf.
„Komm, leg dich neben mich auf den Bauch!“
„Siehst du, wie unterschiedlich die Blätter der Pflanzen sind?“
Laura nickt und ruft begeistert: „Die zeichne ich in meinen Notizblock.“

Sie zeichnet lange und kurze,
kräftig gezähnte und fein gefiederte,
herzförmig runde und
zusammengesetzte Blätter.
Dann zeichnet sie
die verschiedenen Gräser,
auf die der Vater hinweist.
„Ach, und überall leuchten bunte Blumen hervor“,
freut sich die Mutter.
Die Kinder beobachten unzählige Tiere, die in der Wiese kriechen,
krabbeln oder umherfliegen. „Von hier unten sieht das wirklich
wie ein kleiner Dschungel aus“, findet Lorenz.

Nun erklärt Vater: „Ohne die Menschen gäbe es keine Wiesen. Wiesen entstehen nur, wenn sie mehrmals im Jahr geschnitten oder vom Vieh abgeweidet werden.“ „Wo das nicht geschieht, verwandelt sich die Wiese in eine Wildnis, in der sich Sträucher und Bäume wieder ansiedeln“, fügt er hinzu und zeigt auf eine Wiese mit Schafen.

Dann sagt die Mutter: „Kommt, setzt euch! Wir machen ein Spiel! Redet nicht und schließt die Augen. Dann könnt ihr besser hören. Das ist jetzt wichtig. Wenn wir nämlich ganz still sind, hören wir plötzlich jede Menge Geräusche. Wir haben sie vorher gar nicht wahrgenommen.“ Vater erklärt die Spielregel: „Wer ein Geräusch hört, benennt es. Zum Beispiel: Eine Biene summt. Eine Hummel brummt. Eine Maus raschelt. Ein Vogel singt. Eine Grille zirpt. Die Gräser rascheln im Wind. Eine Fliege surrt. Eine Kuh muht. In der Ferne bellt ein Hund. Für jedes benannte Geräusch gibt es einen Punkt. Wer die meisten Punkte hat, bekommt eine Überraschung.“

Aufgaben ⇢ S. 100 Lerntagebuch ⇢ S. 103

Was ist eine Wiese?

Was ist eine Wiese?
Futter für die Kuh.
Und noch was dazu.
Gras und Blumen, Schmetterlingsflügel.
Bienensummen.
Ameisgekrabbel. Käfergezappel.
Achtung, Maulwurfshügel!
Margeriten.
Rote Federnelken vor dem blauen Himmel.
Heupferd übt den Weitsprung bis zum Kümmel.
Ein Kamillenbusch öffnet zwei Blüten.
Sommerfliegen flitzen
über Storchschnabelmützen.
Hummeln brummeln im Honighaus
ein und aus.
Glockenblumen bammeln und bummeln.
Unten am Löwenzahn geigt eine Grillenschnarre.
Der Wind spielt mit den Halmen Harfe oder Gitarre,
alles regt sich oder bewegt sich,
alles, was da lebt und schwebt,
leuchtet, knistert, flüstert, brummelt, bummelt –
Was ist eine Wiese?
– Das ist eine Wiese.

Friedl Hofbauer

Der Löwenzahn hat viele Namen

Die Lehrerin führt die Kinder aus dem Garten in den Klassenraum. Sie sagt: „Ihr habt mir einige Namen für dieselbe Blume genannt. Wie kommt die Blume wohl zu all diesen Namen?“

„Weil die Blätter an ihrem Rand wie große, scharfe Zähne aussehen, heißt die Blume **Löwenzahn**“, weiß Martin. Sein Freund Ole erklärt: „Weil man die reifen Samen wegpusten kann, heißt die Blume **Pusteblume**.“ Klara sagt: „Wir nennen die Blume **Butterblume**, weil ihre Blüten so gelb wie Butter sind. Sie darf aber nicht mit dem giftigen Hahnenfuß verwechselt werden.“ Hannes sagt: „Wir sagen zu der Blume **Milchkraut**, weil sie in ihren Stängeln einen weißen Saft hat.“ „Bei uns zu Hause sagen wir zu der Pflanze **Kuhblume**, weil sie auch auf Kuhweiden wächst“, sagt Uta. „Wir sagen aber zu der Pflanze **Kettenblume**, weil man daraus Ketten flechten kann“, sagt Lisa.

„Löwenzahn wächst bis weit in den Sommer hinein fast überall“, erzählt die Lehrerin. „Er blüht nicht nur auf Weiden und Wiesen, sondern auch auf Wegen, zwischen Steinen, in Äckern und Gärten. Es macht ihm nichts aus, wenn die Tiere auf ihm herumtrampeln. Auch wenn die Wiese gemäht wird, bilden sich schnell neue Blüten.“

„Übrigens schmecken die Löwenzahnblätter nicht nur den Kühen. Die Löwenzahnblätter ergeben einen leckeren Salat“, lacht Martin. „Im Frühling sammeln wir die Löwenzahnblätter auf der Wiese. Die kleinen, zarten und jungen Blätter schmecken am besten.“

„Was meint ihr dazu“, fragt die Lehrerin, „wenn wir uns morgen in der Klasse einen Löwenzahnsalat zubereiten?“ Die Kinder stimmen begeistert zu. „Sammelt die Blätter aber nicht an einer stark befahrenen Straße“, ermahnt die Lehrerin, „denn die Pflanzen nehmen die Schadstoffe der Autoabgase auf.“

Martin schreibt das Rezept für die Klasse auf:

Löwenzahnsalat

Zutaten:

200 g	Löwenzahnblätter (vom Markt oder selbst gepflückt)
3 EL	Öl
1 Prise	Salz
1 Prise	Zucker
1 EL	Zitronensaft oder Weinessig
	etwas gehackte Petersilie und Schnittlauch

(EL heißt Esslöffel; g heißt Gramm; eine Prise ist eine kleine Menge. Du kannst sie zwischen Daumen und Zeigefinger zum Essen hinzufügen.)

Zubereitung:

Wasche die Blättchen sorgfältig und zupfe sie klein. Rühre die Salatsoße mit Öl, Salz, Zucker und Zitronensaft (Weinessig). Gib dann die Kräuter hinein und leere die Soße über die zerkleinerten Löwenzahnblätter. Mische alles durch. Der Salat schmeckt auch lecker mit Schinkenstückchen und gerösteten Zwiebeln oder mit etwas Senf und gekochten Eiern oder mit Karottenstreifen und etwas Sauerrahm.

Gemüseball

Gestern Abend auf dem Ball
tanzte Herr von Zwiebel
mit der Frau von Petersil.
Ach, das war nicht übel.

Die Prinzessin Sellerie
tanzte fein und schicklich
mit dem Prinzen Rosenkohl.
Ach, was war sie glücklich!

Der Baron von Kopfsalat
tanzte leicht und herzlich
mit der Frau von Sauerkraut;
doch die blickte schmerzlich.

Ritter Kürbis, groß und schwer,
trat oft auf die Zehen.
Doch die Gräfin Paprika
ließ ihn einfach stehen.

Heute Abend auf dem Ball
tanzt die Frau Melisse
mit dem Herrn von Majoran,
tritt ihm auf die Füße.

Werner Halle

Mit dem Förster im Wald

Mit dem Bus fahren die Lehrerin und die Kinder bis an den Waldrand. Dort erwartet sie der Förster. Er hat seinen Hund mitgebracht. „Ich führe meinen Hund immer an der **Leine**“, erklärt der Förster, „damit er die Waldtiere nicht aufscheucht.“ Die Kinder bleiben auf den Wegen.

Der Förster zeigt den Kindern zuerst eine große alte **Buche**. „Sie ist bestimmt 200 Jahre alt“, sagt er, „denn ihr grauer, glatter Stamm zeigt einige Furchen.“ Lukas schaut nach oben und ruft: „Die Blätter bilden ja ein Dach. Da kommt kaum Sonne durch und der Regen tröpfelt nur langsam von Blatt zu Blatt auf die Erde.“ „Gut beobachtet!“, lobt ihn der Förster. „Wenn der Regen nur tröpfelnd den Boden erreicht, kann die Erde das Wasser gut aufnehmen und sie wird nicht weggeschwemmt. Das dichte **Blätterdach** lässt auch wenig Sonne durch. Deshalb gibt es im Laubwald kaum Blumen. Alle Pflanzen brauchen Licht zum Wachsen.“

Der Förster fordert die Kinder auf: „Schaut euch die **Wurzeln** genau an.“ Ole meint: „Die dicken, langen Wurzeln sehen wie starke Äste aus.“ „Ja“, sagt der Förster. „An ihnen wachsen viele Wurzelhaare. Sie saugen das Wasser mit den Nährstoffen aus der Erde. Der Baumstamm leitet es durch die Äste und Zweige bis zu den obersten Blättern.“

Der Förster nimmt ein paar Buchenblätter mit. Die Kinder finden noch Bucheckern im alten Laub. Man kann sie leider nicht mehr schälen und essen.

Jetzt führt der Förster die Kinder zu einer mächtigen **Eiche**. „Schaut euch die Blätter der Eiche an und vergleicht sie mit den Blättern der Buche.“ Die Kinder bemerken auch die rissige Borke der Eiche und finden noch alte Eicheln unter dem Baum.

Es ist Zeit für das Picknick vor der Heimfahrt. Unter der Eiche packen die Kinder ihr Vesper aus und essen mit großem Appetit. Plötzlich schreit ein Junge: „Huch, da sind **Ameisen**! Gerade hat mich eine gebissen.“

Die Lehrerin fragt: „Hast du Süßigkeiten dabei?“

Der Junge nickt mit schlechtem Gewissen: „Ich weiß: Bei Waldausflügen darf man keine Süßigkeiten mitnehmen, weil sie die Ameisen anlocken.“

„Jetzt hast du erfahren, warum es diese Regel gibt“, sagt die Lehrerin.

Sie kündigt eine Unterrichtsstunde an, in der es nur um Ameisen geht. Die Kinder freuen sich und schauen sich die Ameisenstraße genau an.

Dann packen sie zusammen und gehen zurück zum Bus.

Aufgaben ⇢ S. 101 Lerntagebuch ⇢ S. 103

Die Rote Waldameise

Im Wald entdecken wir manchmal einen runden Haufen aus Tannennadeln und kleinen Holzstückchen. In diesem Hügel lebt ein **Ameisenvolk**. Dazu gehören eine oder mehrere Königinnen, etwa eine Million Arbeiterinnen und im Sommer auch einige Männchen, die Drohnen.

Der Querschnitt eines Ameisenbaus

Arbeitsteilung

Die **Arbeiterinnen** legen Gänge und Kammern an. Die **Königin** legt ihre Eier hinein. Die Arbeiterinnen schaffen Nahrung herbei und pflegen die Brut. Außerdem verteidigen sie ihren Bau gegen Feinde. Sie beißen und spritzen ihr Gift in die Wunde. Für Menschen ist das ungefährlich. Es ist nur schmerzhaft. Die **Drohnen** (Männchen) sind für die Befruchtung der Königin wichtig. Eine Königin kann 20 Jahre alt werden und eine Million Eier legen. Aus den Eiern schlüpfen Larven. Daraus entwickeln sich die jungen Ameisen. Ameisen halten Winterschlaf.

Der Körper

Der **Körper** der Ameise besteht aus drei Teilen: Der **Kopf** trägt große Oberkiefer. Mit ihnen zerkleinern und transportieren sie Baumaterial und Nahrung. Mit den zwei Fühlern können sie sich verständigen, schmecken, riechen und fühlen. An den Seiten befinden sich die Augen. Der **Mittelleib** trägt die drei Beinpaare und die Flügel. Nur die Königin und die Drohnen haben Flügel. Nach dem Hochzeitsflug wirft die Königin die Flügel ab und gründet ein neues Volk. Die Drohnen sterben danach. Der **Hinterleib** ist aus Ringen zusammengesetzt. Er besitzt eine Giftdrüse, aus der dem Angreifer die Ameisensäure entgegengespritzt wird.

Rekord

3,50 Meter ist die Spannweite, wenn der Wanderalbatros seine Flügel ausbreitet. Da kann kein anderer Vogel mithalten.

Held der Lüfte

New York, 20. Mai 1927:

Charles Lindberg klettert in sein Flugzeug, die „Spirit of St. Louis".

Als erster Mensch will er ohne Zwischenlandung den Atlantik überfliegen. Er darf nicht einschlafen.

Nachdem er schon einen Tag in der Luft ist, erreicht er die Küste Frankreichs. Paris erkennt er am Eiffelturm.

Nach 33 Stunden landet er in Paris.

Das erste Motorflugzeug

Die Brüder Wright aus den USA hatten eine Fahrradfabrik.

Ihr größtes Interesse galt aber dem Fliegen.

Sie bauten einen Benzinmotor in ihren Doppeldecker ein.

Am 17. November 1903 war es so weit.

Der erste Flug dauerte 12 Sekunden und sie flogen 36 Meter weit.

Otto Lilienthal

Viele Jahre beobachteten die Brüder Otto und Gustav Lilienthal Störche.

Dann bauten sie einen Flugapparat.

1891 flog Otto 25 Meter weit.

Sie bauten immer neue Fluggeräte.

Für die Flugversuche schütteten sie einen 15 Meter hohen Berg auf.

Am 9. August 1896 stürzte Otto ab und starb.

Vor dem Lesen → Lesetipp 5, S. 188

Der Hubschrauber

- hat einen Rotor mit vier Rotorblättern. Hinten am Heck hat er noch einen kleinen Rotor.
- ist schwieriger zu steuern als ein Flugzeug. Der Pilot braucht immer beide Hände und Füße.
- kann auf kleinstem Raum starten und landen.

Modellflieger

Wenn du ein Flugzeug steuern willst, musst du nicht gleich drin sitzen. Als Modellflieger darfst du ferngesteuerte Modelle mit weniger als fünf Kilo Gewicht fliegen.

Airbus A 380

Die größte Passagiermaschine ist der Airbus A 380. Es können bis zu 853 Passagiere mitfliegen. Weil das Flugzeug so groß ist, wurden viele Flughäfen extra umgebaut. Die Landebahn musste verlängert werden.

Drachen in der Luft

Ein Hängegleiter ist ein kleines Fluggerät ohne Motor. Der Pilot nimmt mit dem Drachen an einem Hang Anlauf und springt ab.

Aufgaben ⇢ S. 102 Lerntagebuch ⇢ S. 103

Wie die Bohnen wachsen, S. 87/88

1. Lest in der Gruppe den Text.
   Achtet darauf, mit welchen Wörtern beschrieben wird,
   wie jemand etwas sagt: „Mutter lacht“, „Mutter erzählt“ …
2. Lest in der Klasse den Text vor.
   Die Gruppen wechseln sich ab.
3. Pflanzt Bohnen und schreibt ein Bohnen-Tagebuch.
4. Wer sind die Eisheiligen? Erkläre mit eigenen Worten.

Die Wiese, ein kleiner Dschungel, S. 89/90

1. Lies den Text abwechselnd mit einem Partner.
2. Überlegt gemeinsam:
   Was kann man auf einer Wiese sehen?
   Was kann man auf einer Wiese hören?
3. Gestaltet ein Plakat mit Wiesenpflanzen:
   Jeder malt oder fotografiert eine Wiesenblume. Stellt alle Bilder zusammen und hängt das Plakat im Klassenzimmer auf.

Was ist eine Wiese?, S. 91

1. a) Welche Pflanzen und Tiere aus dem Gedicht kennst du (Lesetipp 5)?
      Vergleiche mit einem Partner.
   b) Welche Pflanzen und Tiere aus dem Gedicht kennt ihr nicht?
      Schaut in der Bibliothek oder im Internet nach.
   c) Sucht in der Klasse alle Tiere und Pflanzen auf dem Bild,
      die im Gedicht genannt sind.
2. Schreibt kurze Wiesengedichte. Die Reime helfen euch:
   Schmetterlingsflügel – Maulwurfshügel,
   flitzen – schwitzen, summen – brummen,
   krabbeln – zappeln

Der Löwenzahn hat viele Namen, S. 92/93

1. Welche Namen hat der Löwenzahn bei euch?
2. Wo wächst Löwenzahn in deiner Umgebung? Nenne drei Orte. Beschreibe sie oder mache ein Foto.
3. Bereitet einen Löwenzahnsalat zu. Wie hat er euch geschmeckt?

Der Gemüseball, S. 94

1. Kennt ihr alle Gemüse- und Kräutersorten, die im Gedicht vorkommen? Die Bilder helfen euch.
2. Erklärt die Wörter: ein Ball, ein Baron, eine Gräfin.
3. Lest das Gedicht mit einem Partner:
   - Teilt die fünf Strophen unter den Gruppen der Klasse auf. Jeder stellt ein Gemüse dar und liest seine zwei Zeilen.
   - Fünf Gruppen tragen das Gedicht vor. Jeder malt sich dafür ein Bild zum Umhängen.
   - Die Zuhörer bewerten den Vortrag.

Mit dem Förster im Wald, S. 95/96

1. Stellt ein Quiz mit zehn Fragen zusammen (Lesetipp 4). Tauscht sie in der Klasse aus und beantwortet sie. Stichwörter sind: Leine, Buche, Blätterdach, Eiche, Wurzeln, Ameisen.
2. Plant in der Klasse einen Besuch im Wald. Woran müsst ihr denken? (Fahrplan, Wanderkarte, Kleidung ...)

Die Rote Waldameise, S. 97

Tipp 7

Lesetipp 7 – Auf fett gedruckte Wörter achten (siehe Seite 189)
Wichtige Wörter sind oft fett gedruckt, unterstrichen oder eingefärbt. Das hilft dir, den Text besser zu verstehen.

1. Lies den Text. Achte auf die fett gedruckten Wörter.

***Die Rote Waldameise**, S. 97 (Fortsetzung)*

2. In einem Ameisenvolk hat jede Ameise ihre Aufgabe.
   Was sind die Aufgaben der Königin,
   der Arbeiterinnen, der Männchen?

3. Beschreibe den Körperbau einer Ameise.
4. Der Text ist aus einer Zeitschrift für Kinder.
   Welche Zeitschriften und Zeitungen für Kinder kennst du?

Der Traum vom Fliegen, S. 98/99

1. Vor dem Lesen: Was weißt du über das Thema?
   Bist du schon einmal geflogen? Erzähle. (Lesetipp 5)
2. Schaue dir die Überschriften an. Was willst du zuerst lesen? Warum?
3. Lies die Texte. Welcher hat dir am besten gefallen? Begründe.

Lesetraining

Eine Tabelle lesen

In einer Tabelle werden Zahlen oder Texte übersichtlich dargestellt.
Eine Tabelle hat Zeilen, Spalten und Felder.

Stundenplan von: Lena

Feld
Spalte
Zeile

Wochentag / Stunde	Montag	Dienstag	Mittwoch	Donnerstag	Freitag
1. Stunde	Mathe	Religion	Deutsch	Deutsch	Musik
2. Stunde	Deutsch	Mathe	Englisch	Mathe	Sach-unterricht
3. Stunde	Englisch	Deutsch	Mathe	Sport	Mathe
4. Stunde	Sach-unterricht	Kunst	Sach-unterricht	Sport	Deutsch
5. Stunde	Musik	Kunst			Religion

1. Beantwortet abwechselnd folgende Fragen:
   - Wie viele Zeilen hat der Stundenplan?
   - Wie viele Spalten hat der Stundenplan?
   - Warum hat der Plan zwei leere Felder?
   - An welchen Tagen hat Lena fünf Stunden Unterricht.
2. Stellt euch gegenseitig Fragen zur Tabelle und beantwortet sie:
   - Welches Fach hat Lena am Montag in der zweiten Stunde?
   - An welchem Tag hat Lena in der ersten Stunde Religion?
   - Welche Fächer hat Lena jeden Tag?
   - ...
3. Vergleicht Lenas Stundenplan mit eurem Stundenplan.
   Was ist anders? Was ist gleich?

Lerntagebuch

Schreibe in dein Lerntagebuch, was du gelernt hast.
Stelle dir folgende Fragen zu den gelesenen Texten:

- Konnte ich den Text flüssig lesen?
- Habe ich den Text verstanden?
- Konnte ich die Aufgaben zum Text lösen?
- Wie finde ich den Text? Was möchte ich noch aufschreiben?

Schätze dich selbst ein: Male ☺ 😐 ☹.

Was möchtest du noch üben?

Hier ein Ausschnitt aus Hannas Lerntagebuch:

Mit dem Förster im Wald

- Zuerst habe ich noch einmal den Lesetipp 4 gelesen. Jeder in der Klasse hat sich eine Quizfrage ausgedacht. Die 10 besten Fragen haben wir auf ein Plakat geschrieben. ☺
- Die Buchenblätter sind ganz fein gezahnt, die Eichenblätter sind gelappt. ☺
- Wir haben mit der ganzen Klasse einen Waldspaziergang mit einem Förster gemacht. ☺

Märchenhafte Welten

Der gestiefelte Kater

Das Erbe des Müllers (1. Szene)

= Erzähler, = jüngster Sohn, = Kater

Es war einmal ein Müller, der hatte drei Söhne.
Der Müller besaß eine Mühle, einen Esel und einen Kater.
Als er starb, erbte der älteste Sohn die Mühle,
der nächste bekam den Esel und der jüngste Sohn erhielt den Kater.

Er klagte:
Ach ich armer Tropf.
Mein großer Bruder
kann mit der Mühle
Geld verdienen.
Der hat's gut.
Mein anderer Bruder
kann wenigstens
auf dem Esel reiten.
Er wurde ganz traurig und jammerte:
Was soll ich mit dem Kater anfangen?
Vielleicht lasse ich mir warme Handschuhe aus seinem Fell machen.
Der Kater hatte alles gehört und verstanden und sagte:
Halt, verzichte auf mein Fell und töte mich nicht.
Lass mir ein Paar Stiefel machen. Du wirst es nicht bereuen.

Der Müllersohn wunderte sich über den Wunsch des Katers.
Doch er ließ Stiefel für den Kater anfertigen
und zahlte mit dem letzten Geld. Der Kater schlüpfte in die Stiefel
und ging aufrecht wie ein Mensch davon.

Die Rebhühner für den König (2. Szene)

= Erzähler, = Kater, = Wachsoldat 1, = Wachsoldat 2, = jüngster Sohn, = König, = Kutscher

Der Kater holte aus der Mühle einen großen Sack mit Körnern darin. Den Sack konnte man oben mit einer Schnur zuziehen. Zu dieser Zeit herrschte ein König im Land, der am liebsten Rebhühner aß. Die Rebhühner waren aber so scheu, dass kein Jäger sie schießen konnte. Das alles wusste der Kater und sprach zu sich:

Ich will Rebhühner für den König fangen.

Der Kater schlich sich leise an die Rebhühner heran und legte den Sack mit den Körnern weit offen hin. Die Schnur, mit der man den Sack zuziehen konnte, legte er ins Gras und versteckte sich hinter einem Busch. Bald kam das erste Rebhuhn. Es pickte einige Körner auf. Ein zweites Rebhuhn kam und ein drittes, bald waren viele Rebhühner vor dem offenen Sack.

Jetzt ziehe ich mit einem Schwung an der Schnur.

Die Rebhühner waren gefangen. Jetzt ging er mit seinem Fang geradewegs zum Schloss.

Ein Wachsoldat am Tor rief:

Halt, ein Kater kann nicht zum König.

Lass ihn doch herein. Dem König ist oft langweilig. Der Kater ist eine lustige Abwechslung.

Der Kater ging zum König, machte eine tiefe Verbeugung und sagte:

Mein Herr, der Graf Nhosrellüm, schickt mich. Mit vielen Grüßen überreiche ich Ihnen diesen Sack voller Rebhühner. Mein Herr hat sie soeben gefangen.

Ich bin hocherfreut und nehme das kostbare Geschenk gerne an.

Der König ließ dem Kater so viel Gold geben, wie dieser in seinem Sack tragen konnte.

Der Kater ging zum Müllersohn und leerte den Sack mit dem Gold vor ihm aus und sagte:

Hier hast du etwas für die Stiefel. Vom König bringe ich Grüße und Dank.

Er setzte sich hin, zog seine Stiefel aus und erzählte alles. Der Müllersohn freute sich und sagte:

Das ist ja kaum zu glauben. Du bist der schlauste Kater der Welt.

Am nächsten Tag ging der Kater wieder auf Rebhuhnfang. Er brachte seine Beute dem König und das Gold dem jungen Müller. So ging es immer weiter und der Kater durfte wie ein Freund im Schloss ein und aus gehen.

Einmal kam er an der Schlossküche vorbei und hörte den Kutscher schimpfen:

Zum Donnerwetter! Ich habe Feierabend und muss die Prinzessin noch am See spazieren fahren. Das ärgert mich sehr.

Als der Kater das hörte, rannte er schnell zum Müllersohn und sprach:

Wenn du noch reicher und dazu noch ein Graf werden willst, gehe jetzt mit mir an den See und bade darin.

Der junge Müller tat, was der Kater wollte.
Am See zog er die Kleider aus
und stieg ins Wasser. Der Kater
nahm die Kleider und versteckte sie.

Die Kutschfahrt des Königs (3. Szene)

= Erzähler, = Kater, = Leute

Da rasselte schon die Kutsche des Königs heran.
Der Kater jammerte laut und rief:

Mein Herr, Graf Nhosrellüm badet im See und kann nicht heraus.
Ein Dieb hat seine Kleider gestohlen. Er wird sich erkälten.

Der König schickte sofort einen Diener zum Schloss.
Der brachte Kleider aus dem Schrank des Königs.
Der Müller zog die Kleider an. Er sah aus wie ein richtiger Graf.
Der König lud ihn zum Dank für die vielen Rebhühner
zu einer Spazierfahrt ein. Die Prinzessin hatte nichts dagegen,
der junge Graf gefiel ihr.

Der Kater eilte voraus. Er kam an einer großen Wiese vorbei, auf der über 100 Leute arbeiteten, und fragte sie:

Ihr Leute, wem gehört diese Wiese?

Dem großen Zauberer.

Passt auf, ihr Leute. Gleich kommt der König in seiner Kutsche vorbeigefahren. Wenn er fragt, wem die Wiese gehört, müsst ihr sagen: „Sie gehört dem Grafen." Sagt ihr das nicht, werdet ihr hart bestraft.

Der Kater eilte weiter. Er kam an ein großes Kornfeld, das wieder dem Zauberer gehörte. Dort arbeiteten über 200 Leute. Aber der Kater rief:

Ihr müsst sagen: „Es gehört dem Grafen". Sagt ihr das nicht, werdet ihr hart bestraft.

Dann eilte er weiter und kam an einen großen Wald des Zauberers. Dort arbeiteten mehr als 300 Leute. Sie machten Holz. Der Kater verlangte auch von ihnen:

Ihr müsst sagen: „Das Holz gehört dem Grafen". Sagt ihr das nicht, werdet ihr hart bestraft.

Wieder eilte der Kater weiter. Die Waldarbeiter fürchteten sich vor diesem Kater, der Stiefel trug und aufrecht ging wie ein Mensch. War das Zauberei?

Der Kater beim Zauberer (4. Szene)

= Erzähler, = Kater, = Zauberer

Nun kam der Kater zum Schloss des Zauberers. Er ging hinein und fand den Zauberer in seinem Zauberzimmer. Der Kater verneigte sich und sprach:

Hochverehrter, großer Zauberer. Ich habe gehört, dass du dich in jedes Tier verwandeln kannst, egal, wie groß es ist. Stimmt das wirklich?

Oh ja, das ist eine Kleinigkeit für mich. Ich kann mich in das größte Tier verwandeln.

Und schon stand ein Elefant vor dem Kater.

Das ist sehr gut! Aber kannst du dich auch in einen Löwen verwandeln?

Gleich stand der Zauberer als Löwe da. Der Kater tat, als ob er sich erschrocken hätte, und sagte:

Deine Zauberei ist großartig. Aber kannst du dich auch in eine winzige Maus verwandeln? Das wird für dich doch zu schwer sein – bei deiner Größe!

Pass nur auf, du kleiner Kater!

Schwupp, sprang er als Mäuschen im Zimmer herum. Da machte der Kater einen Satz, fing die Maus und fraß sie auf.

Die Hochzeit (5. Szene)

= Erzähler, = König, = Leute

Der König war mit der Prinzessin und dem Grafen weitergefahren.
Nun kamen sie zu der großen Wiese und der König fragte:

Wem gehört die Wiese?

Sie gehört dem Grafen.

Das ist ein schönes Stück Land, Herr Graf.

Sie fuhren weiter und kamen zum Kornfeld.
Der König fragte:

Wem gehört das Korn, ihr Leute?

Es gehört dem Grafen.

Oh, das ist eine schöne, große Ernte, Herr Graf.

Dann kamen sie zu dem großen Wald. Wieder fragte der König:

Wem gehört das Holz, ihr Leute?

Es gehört dem Grafen.

Ihr müsst ein reicher Mann sein, Herr Graf.
Ich selbst habe keinen so schönen, großen Wald.

Der König klopfte dem Grafen anerkennend auf die Schulter.

Als die Kutsche zum Schloss des Zauberers kam, stand der Kater oben auf der breiten Treppe am Eingang. Er eilte zur Kutsche und begrüßte den König und die Prinzessin:

Ihr steht vor dem Schloss des Grafen. Herzlich willkommen!

Was für ein prächtiges Schloss, Herr Graf.

Der Kater ging voraus. Der König folgte mit dem Grafen, der die Prinzessin an der Hand hielt.

Hier glitzert alles nur so von Gold und Edelsteinen, Herr Graf.

Der König und die Prinzessin waren tief beeindruckt. Bald heirateten die Prinzessin und der Graf. Und als der König starb, wurde der Graf der neue König. Der gestiefelte Kater aber wurde sein erster Minister.

Ein kleines Rätsel zum Schluss: Du hast gemerkt, dass der Kater ein schlauer Kerl ist. Er weiß, dass sein Herr, der Müllersohn, als Graf einen ungewöhnlichen Namen haben muss. Graf Schmidt oder Graf Müller geht ja nicht: Findest du heraus, wie der Kater auf den Namen des Grafen gekommen ist?

Aufgaben ⇢ S. 123 Lerntagebuch ⇢ S. 125

Frau Holle

Eine Witwe hatte zwei Töchter, eine war hässlich und faul, die andere war schön und fleißig. Die Witwe hatte die hässliche und faule Tochter lieb, denn sie war ihr leibliches Kind. Die andere Tochter musste arbeiten.

Die fleißige Tochter

Jeden Tag musste sie sich neben dem Dorfbrunnen an das Spinnrad setzen und so lange spinnen, bis ihr die Finger bluteten. Einmal wurde die Spule sehr blutig. Das Mädchen wollte sie im Brunnen abwaschen, dabei glitt ihm die Spule aus der Hand und fiel in den tiefen Brunnen. Wie das Mädchen da erschrak! Weinend lief es zur Stiefmutter. Die aber schimpfte böse: „Du hast die Spule verloren, jetzt hole sie auch wieder!“

Verzweifelt lief das Mädchen zum Brunnen. Was konnte es tun? In seiner Angst und Verzweiflung sprang es in den Brunnen hinein, um die Spule zu holen. Da verlor es die Besinnung. Als das Mädchen wieder erwachte, lag es auf einer schönen Wiese. Tausend Blumen leuchteten und die Sonne strahlte vom Himmel.

Aber wo war die Spule? Das Mädchen sprang auf und machte sich sofort auf die Suche.

Auf dem Weg kam es zu einem Backofen, in dem viele Laibe Brot lagen. „Zieh uns heraus, zieh uns heraus, sonst verbrennen wir! Wir sind fertig gebacken!“ So hörte das Mädchen die Brotlaibe rufen. Gleich nahm es den Brotschieber und holte alle Brote aus dem Ofen.

Das Mädchen ging weiter und kam zu einem Baum voller Äpfel. „Schüttle mich, schüttle mich! Meine Äpfel sind alle reif!“ So rief der Apfelbaum. Das Mädchen schüttelte die Äste, bis alle Äpfel am Boden lagen. Nun sammelte es die Früchte und legte sie zu einem Haufen zusammen.

Es lief weiter und kam zu einem Haus. Eine seltsame alte Frau guckte heraus. Das Mädchen bekam Angst und wollte schon fliehen. Da sagte die Frau freundlich: „Hab keine Angst, liebes Kind. Wenn du willst, kannst du bleiben. Du wirst es bei mir gut haben, wenn du alle Arbeiten im Haus ordentlich machst.“

Die alte Frau sprach weiter: „Mein Bett musst du sorgfältig machen. Die Decke musst du so kräftig am Fenster aufschütteln, dass die Federn fliegen. Dann schneit es auf der Welt. Ich bin nämlich Frau Holle.“

Das Mädchen fürchtete sich nicht mehr. Es wusste auch nicht, wohin es sonst gehen sollte. Deshalb nahm es die Arbeit an. Fleißig erledigte es alle Hausarbeiten. Es schüttelte die Decke so gut, dass die Federn wie Schneeflocken umherflogen.

Frau Holle war sehr zufrieden mit dem fleißigen Mädchen. Eine ganze Zeit verging. Das Mädchen hatte es gut bei Frau Holle, trotzdem sehnte es sich nach Hause zurück. Traurig klagte es: „Liebe Frau Holle, ich habe Heimweh und möchte wieder zu meiner Familie.“

„Du hast mir treu gedient“, antwortete Frau Holle, „ich will dir auf den Weg helfen.“

Sie nahm das Mädchen bei der Hand und führte es an ein Tor.

Als das Mädchen durch das Tor schritt, regnete es lauter Gold, und alles Gold blieb an ihm hängen. „Das sollst du als Lohn haben“, lächelte Frau Holle. Sie gab dem Mädchen auch die Spule wieder, die in den Brunnen gefallen war. Das Tor schloss sich.

So reich beschenkt kam das Mädchen ins Dorf zurück. Der Hahn begrüßte das Mädchen vor dem Hof der Mutter. Er saß auf dem Brunnen und krähte fröhlich:

„Kikeriki,
unsere Goldmarie
ist wieder hie!“

Die Mutter und die Schwester freuten sich, dass das Mädchen so viel Gold ins Haus brachte und begrüßten es freundlich.

Die faule Tochter

Natürlich wollten sie genau wissen, wie das Mädchen zu diesem Reichtum gekommen war. Das Mädchen erzählte alles, was es erlebt hatte. „Geh doch auch zu Frau Holle!“, ermunterte die Mutter ihre faule und hässliche Tochter. „Lass dich auch mit Gold beregnen! So wirst du am schnellsten reich.“

Ja, das wollte die Tochter tun. Sie setzte sich also ans Spinnrad am Brunnen. Aber sie wollte nicht so lange spinnen, bis die Finger bluteten, deshalb stach sie sich an einem Dornbusch in einen Finger. Ein kleiner Tropfen Blut kam heraus, diesen Tropfen tupfte sie auf die Spule.

Nun warf sie die Spule in den Brunnen, sprang gleich hinterher und fiel auf die schöne Wiese wie ihre Schwester. Sie ging denselben Weg wie sie und kam auch zum Backofen. Die Brote riefen: „Zieh uns heraus, zieh uns heraus, sonst verbrennen wir! Wir sind schon längst fertig gebacken!“ Die faule Tochter antwortete aber: „Nein, das tu ich nicht. Ich will mich doch nicht schmutzig machen.“

Gleich ging sie weiter zum Apfelbaum und hörte, wie er rief: „Schüttle mich, schüttle mich! Die Äpfel sind alle reif.“ „Nein, nein“, antwortete sie, „das tu ich nicht. Mir könnte ja ein Apfel auf den Kopf fallen. Nein, nein!“

Vor Frau Holle fürchtete sich die faule Tochter nicht, sondern sie war gleich bereit, ihre Dienstmagd zu sein. Am ersten Tag zeigte sich die Faule besonders fleißig und schüttelte die Bettdecke kräftig auf. Aber schon am nächsten Tag war ihr das Faulenzen lieber. Am dritten Tag wollte sie gar nicht aufstehen und erst recht nicht die Decke aufschütteln.

Da sagte Frau Holle: „Geh wieder heim! Eine Dienstmagd wie dich kann ich nicht gebrauchen.“ Das war der faulen Tochter nur recht. „Je früher der Goldregen kommt, desto besser“, lachte sie leise. Sie wollte ein wenig länger unter dem Torbogen stehen bleiben.

Frau Holle führte die faule Tochter zum Tor. Die stellte sich unter das Tor und freute sich schon auf das Gold. Aber es kam kein Goldregen. Nur Pech floss in Strömen herab, bis die faule Tochter ganz schwarz und klebrig war. „Das ist dein Lohn“, sagte Frau Holle und schloss das Tor.

Als die faule Tochter nach Hause kam, krähte der Hahn auf dem Brunnen schadenfroh:
„Kikeriki,
unsere Pechmarie ist wieder hie!“

Nach einem Märchen der Brüder Grimm

Ihr könnt euch die Geschichte von Frau Holle auch als Märchenfilm ansehen.

Joshi, der Steinmetz

Vor langer Zeit lebte in den Bergen Japans ein Steinmetz namens Joshi. Er war ein armer Mann mit einem krummen Rücken und schwieligen Händen vom Behauen der Steine. Die Leute erzählten sich, dass in den Bergen, in denen Joshi arbeitete, ein Geist lebte. Sie glaubten, dass er Wünsche erfüllte. Doch Joshi hatte den Geist nie gesehen.

Eines Tages brachte Joshi Steine zum Haus eines reichen Mannes. Joshi mochte das schöne Zuhause des reichen Mannes, seine seidenen Gewänder und seine sauberen, weichen Hände. „Oh, ich wünschte, ich könnte ein reicher Mann sein“, flüsterte Joshi. Da kam ein kühler Wind auf und der Berggeist erschien. Er säuselte: „Dein Wunsch wird erfüllt, Joshi – du sollst nun ein reicher Mann sein.“ Als Joshi nach Hause kam, hatte sich seine Hütte in ein schönes Haus verwandelt. Joshi war reich. Er räumte sein Werkzeug weg und ruhte sich aus, während er aus dem Fenster sah.

Es wurde heiß an diesem Tag. Joshi sah einen Prinzen vorbeiziehen. Bedienstete fächelten dem Prinzen zu, um ihn zu kühlen, und schützten ihn mit goldenen Schirmen vor der Sonne. „Ich wünschte, ich wäre ein Prinz“, sagte Joshi. Da sagte der Geist: „Dein Wunsch wird erfüllt, Joshi – du sollst nun ein Prinz sein.“

Nun war Joshi ein Prinz, wurde in einer Sänfte getragen und hatte Bedienstete. Sie schützten ihn mit goldenen Schirmen vor der Sonne. Prinz Joshi lächelte.

Bald wurde es Prinz Joshi sehr heiß – sogar die Schirme halfen nichts. Als er Wasser auf seine Haut spritzte, ließ die heiße Sonne es gleich wieder trocknen.

„Die Sonne ist viel mächtiger als ich“, murmelte Joshi.

„Ich wünschte, ich wäre die Sonne.“

Da sprach der Geist wieder:

„Dein Wunsch wird erfüllt, Joshi – du sollst nun die Sonne sein.“

Joshi fühlte, wie er zum Himmel aufstieg und zu scheinen begann. Er war wirklich die Sonne! Er sandte seine kraftvollen Strahlen zur Erde. Joshi schien heißer. Er ließ die Menschen schwitzen und verbrannte ihre Haut. Er ließ das Land verdorren und das Gras welken. Alles konnte seine Macht spüren.

Eines Tages konnte Joshi, die Sonne, den Boden nicht sehen. Eine Wolke war ihm im Weg. Er schien mit aller Macht, aber die Wolke wollte nicht weichen.

„Kann eine Wolke meine Kraft vernichten?“, schrie Joshi.

„Dann wünschte ich, ich wäre eine Wolke.“

„Dein Wunsch wird erfüllt, Joshi – du sollst eine Wolke sein“, antwortete der Geist.

Joshi verwandelte sich in eine große, dicke graue Wolke. Er beendete die Hitze der Sonne und spendete den Menschen Schatten. Dann begann er zu regnen.

Joshis Regen ließ Ströme und Flüsse anschwellen und am Boden Pfützen entstehen. Bald wurde das Gras wieder grün und die Feldfrüchte begannen zu wachsen. Joshi, die Wolke, regnete stärker und stärker. Die kleinen Bäche in den Bergen wurden zu großen Wasserfällen. Flüsse traten über die Ufer und überschwemmten die Feldfrüchte. Die Wasserflut strömte reißend die Straßen hinab und ergoss sich in die Dörfer. Nur die riesigen Felsen der Berge standen fest und wollten sich nicht bewegen.

„Felsen sind mächtiger als Wolken“, murrte Joshi. „Ich wünschte, ich wäre ein Fels.“ Der Geist antwortete: „Dein Wunsch wird erfüllt, Joshi – du sollst nun ein Fels sein.“ Nun war Joshi ein Fels – riesig, hart und massiv. Er fürchtete nicht den Regen und nicht die Sonne. „Nichts kann stärker sein als ich“, prahlte er. Da spürte Joshi, der Fels, dass Werkzeuge in ihn hineinschnitten. „Ein Steinmetz ist stärker als ich!“, sagte Joshi. „Ich wünschte, ich wäre wieder ein Mensch.“ Der Berggeist lächelte. „Dein Wunsch wird erfüllt, Joshi – du sollst nun ein Mensch sein.“

Joshi, der Steinmetz, ergriff seine Werkzeuge und begann zu arbeiten. Sein Rücken war krumm und er war arm – aber jetzt war er glücklich.

Becca Heddle

Aufgaben ⇢ S. 124 Lerntagebuch ⇢ S. 125

Der gestiefelte Kater, S. 105 – 112

1. a) Lies die Überschriften und schaue dir die Bilder an (Lesetipp 2).
   Wovon wird die Geschichte handeln?
   b) Bildet fünf Gruppen.
   Jede Gruppe liest eine Szene und schreibt Stichwörter.
   c) Jede Gruppe erzählt ihre Szene in der Klasse nach.

2. Welcher „Trick" des gestiefelten Katers gefällt dir am besten:
   - der mit den Rebhühnern?
   - der mit den königlichen Kleidern?
   - der mit den großen Ländereien?
   - der mit der Verwandlung in eine Maus?

   Sprecht in der Klasse darüber und macht eine Hitliste.

3. Übt das Vorlesen mit dem Kapitel „Beim Zauberer". Beachtet Lesetipp 8:

Lesetipp 8 – Vorlesen (siehe Seite 189)
Sprich beim Vorlesen und Vortragen deutlich.
Beachte: Beim Punkt geht die Stimme nach unten, beim Komma nicht.
Mache nach jedem Satz eine Pause. Achte auch auf das Fragezeichen und das Ausrufezeichen.

4. Lest den Text in verteilten Rollen in der Klasse vor (siehe Seite 192).
   Die Zuhörer bewerten den Vortrag.

Frau Holle, S. 113 – 119

1. a) Lies die Überschriften, schaue dir die Bilder an (Lesetipp 2).
   Wovon wird die Geschichte handeln?
   b) Wählt ein Kapitel aus:
   Welche Arbeiten soll das Mädchen erledigen?
   Welchen Lohn erhält es? Schreibt Stichwörter.
   c) Sprecht in der Klasse über eure Ergebnisse.

***Frau Holle**, S. 113 – 119 (Fortsetzung)*

2. Gestaltet eine Lesekiste zu eurem Lieblingsmärchen.
   a) Nimm einen Karton (z. B. Schuhkarton) und gestalte ihn mit Gegenständen oder Materialien, die in eurem Lieblingsmärchen wichtig sind.
   b) Tausche dich mit einem Partner aus und übt das Präsentieren eures Märchens mithilfe eurer Lesekiste.
   c) Stellt eure Lieblingsmärchen vor. Die Lesekiste hilft euch dabei.

3. Du hast bisher acht Lesetipps kennengelernt (siehe Seite 186 bis 189). Welche haben dir bei diesem Text geholfen?

Joshi, der Steinmetz, S. 120 – 122

1. Welche Wünsche Joshis gehen in Erfüllung? Wird er glücklich?

2. „Joshi, der Steinmetz" ist ein Märchen aus Japan. Kennt ihr Märchen aus anderen Ländern? Erzählt sie in der Klasse.

Lesetraining

1. Märchenquiz – was gehört zusammen? Lest abwechselnd. Einer liest den ersten Teil, der andere sucht den zweiten Teil.

Es war einmal ein Müller,

schickt mich.

Mein Herr, Graf Nhosrellüm,

wer knuspert an meinem Häuschen?

Kikeriki, kikeriki,

der hatte drei Söhne.

Großmutter,

unsere Goldmarie ist wieder hie!

Knusper, knusper, knäuschen,

warum hast du so große Augen?

2. Sprecht die Zaubersprüche schnell und fehlerlos um die Wette.

Hasenfuß und Hühnerei,
Zaubergeister, fliegt herbei!

**Schlangenei und Krötendreck,
was hier war, das ist jetzt weg!**

*Aus eins mach zwei, aus zwei mach eins,
so geht das Hexeneinmaleins!*

Lerntagebuch

Schreibe in dein Lerntagebuch, was du gelernt hast.
Stelle dir folgende Fragen zu den gelesenen Texten:

- Konnte ich den Text flüssig lesen?
- Habe ich den Text verstanden?
- Konnte ich die Aufgaben zum Text lösen?
- Wie finde ich den Text? Was möchte ich noch aufschreiben?

Schätze dich selbst ein: Male ☺ 😐 ☹.

Was möchtest du noch üben?

Hier ein Ausschnitt aus Hannas Lerntagebuch:

Frau Holle

- Zuerst habe ich den Lesetipp 2 gelesen. Die Überschriften und die Bilder deuten auf eine fleißige und eine faule Tochter hin. Eine merkwürdige Frau ist zweimal zu sehen. Die fleißige Tochter wird mit Gold überschüttet, auf die faule Tochter regnet schwarze Farbe herab. Immer ist am Schluss ein Hahn zu sehen. ☺
- Ich konnte das Märchen flüssig lesen. ☺
- Ich habe „Frau Holle" in der Klasse vorgestellt und dafür eine Lesekiste gebastelt: mit einem Apfel, einem Brötchen, einem großen Wattebausch und einer glänzenden Münze. Das Pech habe ich mit schwarzer Farbe hinten auf die Schachtel gemalt, den Hahn auf die vordere Seite. ☺

Kinder der Welt – ein Projekt

Auf den folgenden Seiten kannst du nachlesen, wie Kinder in Indien leben. Auf der Karte findest du die Stadt Hyderabad. Etwa 80 Kilometer davon entfernt liegt das Dorf Motakondur. Du erfährst, wie die Kinder dort arbeiten, was sie essen und welche Schule sie besuchen. Danach lernst du Kinder aus Lübeck in Deutschland kennen. Sie erzählen, wie sie leben und was ihre Theatergruppe mit den Kindern in Indien zu tun hat. Einige der Kinder besuchen genau wie du die zweite Klasse.

Ein Kind aus Indien erzählt

Ich heiße **Usha Policetty** und bin zehn Jahre alt. Meine Familie lebt im Dorf Motakondur in Indien. Ich habe einen älteren Bruder, er heißt Raja, und eine große Schwester. Ihr Name ist Swetha.

Wir besitzen kein eigenes Land, wir können keinen Reis und kein Gemüse anbauen. Meine Mutter und die Großmutter müssen auf den Feldern eines reichen Bauern arbeiten. Sie verdienen sehr wenig. Mit dem Geld kaufen wir auf dem Markt im Nachbardorf Reis und Gemüse. Manchmal reicht es auch noch für etwas Obst.

Vater hatte Glück. Er fand Arbeit in einer Ziegelbrennerei. Er muss dort schwer arbeiten und kommt immer schmutzig und müde nach Hause. In den Ferien besuchen Raja und ich ihn manchmal.

Wir fragen den Besitzer der Ziegelei, ob wir mithelfen können. Dann formen wir in einem Holzkasten Ziegelsteine. Raja trägt sie an den Lagerplatz, wo sie in der Sonne trocknen. Im Sommer ist es meist vierzig Grad heiß.

Nach einigen Stunden tun uns die Arme und der Rücken weh. Zum Lohn erhält jeder von uns zehn Rupien. Damit gehen wir dann ganz stolz nach Hause. Wir geben unser Geld der Mutter.

Wenn es nicht regnet, gibt es keine Arbeit auf den Feldern und Mutter erhält keinen Lohn. Dann kauft Mutter mit unserem Geld Reis und wir müssen nicht hungern.

Wir haben einen Esel. Er heißt Gadha und ist sehr lieb. Manchmal kann er auch störrisch sein!

Vor unserem kleinen Haus hat er einen kleinen Stall.
Auf der Wiese unserer netten Nachbarin darf er täglich Gras fressen.
Raja und ich reiten auf ihm zum Markt ins Nachbardorf.
Auf dem Heimweg trägt er den Sack mit Reis und das Gemüse.
Manchmal leihen wir ihn auch an Freunde aus.
Aber nur, wenn sie ihn gut behandeln!

Von Juli bis März gehe ich jeden Tag in die Dorfschule.
Wir tragen eine blauweiße Schuluniform.
Wenn ich wieder ein Stück gewachsen bin,
tausche ich die Kleidung mit anderen Schülerinnen.
Geld für eine neue Uniform haben wir nicht.
Raja und Swetha besuchen die Schule in der Stadt Raigir.
Mit vielen Schülern wohnen sie dort in einem großen Haus.
Sie werden von netten Schwestern unterrichtet.

Nur in den Ferien kommen sie nach Hause in unser Dorf.
Swetha ist fast fünfzehn Jahre alt.
Im nächsten Jahr ist sie mit der Schule fertig.

In unserem Land gibt es viele kranke Menschen, die Hilfe brauchen. Deshalb will Swetha nach der Schule Krankenschwester werden. Mutter hat gesagt, dass ich dann in diese Schule gehen darf. Ich freue mich schon sehr darauf. Swetha hat mir oft erzählt, wie gut es ihr dort gefällt. Das Wohnheim und die Schule in der Stadt kosten Schulgeld. Das bezahlen nette Leute aus Europa für uns, unsere Paten. Darüber freuen sich meine Eltern sehr.

Im Januar kam dann auch Besuch zu uns ins Dorf. Mit Father Bhagyam, dem Sohn unserer Nachbarin, kamen zwei Frauen in unser Dorf. Sie hatten eine helle Hautfarbe und auch helle Haare. Das wollten alle im Dorf sehen. Sie haben Fotos von uns gemacht und alles im Dorf angeschaut.

Father Bhagyam hat ihre Sprache übersetzt. Eine Dame hat erzählt, dass sie Swetha in Raigir besucht hat, weil sie ihr Patenkind ist. Am nächsten Tag sind sie wieder weggefahren. Sie waren sehr nett! Im Dorf wurde noch lange über ihren Besuch geredet.

Aufgaben → S. 134 Lerntagebuch → S. 137

Hunger und Armut in Indien heute

Wie viele Menschen leiden an Hunger?

Indien hat ungefähr 1,2 Milliarden Einwohner. Die Männchen in dem Schaubild stellen die gesamte Bevölkerung Indiens dar. Etwa 212 Millionen davon, dargestellt durch die rot umrandeten Männchen, leiden an Hunger und Unterernährung. Sie haben keine Arbeit und kein Ackerland, auf dem sie Reis und Gemüse anbauen könnten.

Was verdient die Familie von Usha Policetty am Tag?

Vater erhält 50 Rupien in der Ziegelbrennerei. Mutter und Großmutter verdienen 45 Rupien, wenn sie bei Regen auf den Reisfeldern arbeiten können. Usha und Raja erhalten zusammen 20 Rupien, wenn sie in den Ferien in der Ziegelbrennerei aushelfen.

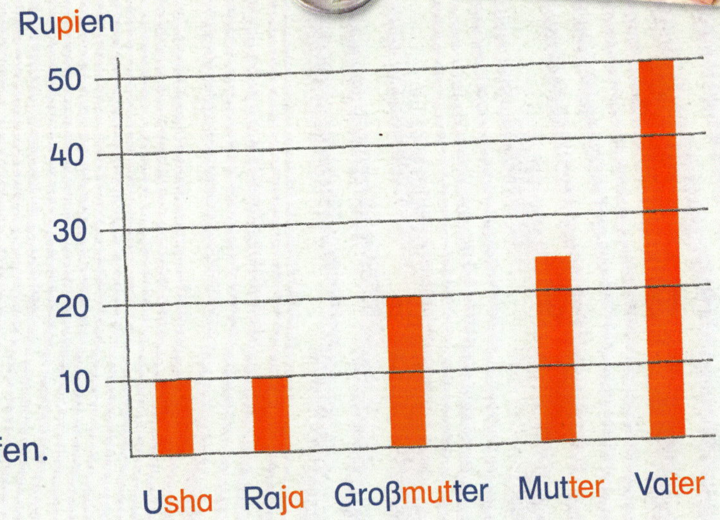

Kinder aus Deutschland erzählen

Ich heiße **Beke** und bin sieben Jahre alt. Ich gehe in die zweite Klasse und wohne mit meinem Bruder und meinen Eltern in Lübeck. Nachmittags spiele ich Basketball und besuche die Theatergruppe. Das Theaterspielen macht mir großen Spaß. Beim ersten Besuch der Theatergruppe erzählte die Gruppenleiterin, dass wir bei den Vorführungen Geld für Kinder in Indien sammeln. Wir veranstalten auch Basare. In der Theatergruppe habe ich meine indische Freundin Ayushi kennengelernt. Sie ist sehr nett.

Mein Name ist **Felix Witt**. Ich bin noch acht Jahre alt, am sechsten Januar werde ich neun Jahre. Meine Körpergröße beträgt 1,20 Meter. Für mein Alter bin ich etwas klein, aber das macht mir nichts aus. Ich lebe mit meinen Eltern und meinen zwei Schwestern in einem großen, alten Gartenhaus. Meine Oma und mein Opa wohnen im gleichen Haus. Meine Eltern haben eine Gärtnerei. Seit zwei Jahren gehe ich in die Klosterhof-Schule. Erst war ich in der Vorschule und jetzt bin ich in der Grundschule. Da gefällt es mir. Jeden Tag spiele ich mit meinen Autos und mit dem Computer. Freitags gehe ich um 16.00 Uhr in die Theatergruppe.

Vor dem Lesen ⇢ Lesetipp 3, S. 187

Ich heiße **Elena-Akrivi Lessi**. Meine Eltern sind Griechen. Ich bin in Deutschland zur Welt gekommen. Meine Mutter hat sich gefreut, dass ich ein Mädchen bin. In vielen Ländern ist es nämlich so, dass Jungen mehr wert sind als Mädchen, wie zum Beispiel in Indien. In Europa haben auch die Frauen und Mädchen Rechte wie die Männer und Jungen. Europa ist viel reicher als Asien. In Europa gibt es Schulen, die vom Staat bezahlt werden. In Indien ist es nicht so. Dort müssen Kinder oft arbeiten, um das Geld für ihr Essen zu verdienen. In Europa ist Kinderarbeit verboten. Meine Theatergruppe hilft Kindern in Indien. Leider können wir nicht allen Kindern dort helfen. Das ist schade.

Mein Name ist **Ayushi** (ausgesprochen wird das Ajuschi). Ich gehe in die zweite Klasse. Ich wurde in Indien geboren. Mit vier Jahren kam ich nach Deutschland. Ich konnte kein Wort auf Deutsch sprechen. Am Anfang war das alles natürlich schwierig. Aber jetzt geht es mir in Deutschland gut. Ich bin sehr froh, die Theatergruppe gefunden zu haben. Sie sammelt Geld für mein Land Indien. Sie hilft armen Kindern, damit sie in eine gute Schule gehen können. Außerdem spiele ich sehr gern Theater.

Ein Kind aus Indien erzählt, S. 127 – 130

1. Woran erkennst du die Armut der Familie von Usha?
   - Warum arbeitet die Familie nicht auf dem eigenen Feld?
   - Was können sie sich zu essen leisten?
   - Warum können sie zur Schule gehen?

   Lies in Absätzen und abwechselnd mit einem Partner, was Usha erzählt. Schreibt Stichwörter und sprecht darüber (Lesetipp 6).

2. Was schreibt Usha über die Schule? (Z. 42 – 52)
   Erzähle in eigenen Worten.
   - Wie lang ist das Schuljahr?
   - Wie sieht die Schuluniform aus?
   - Wie lange geht Swetha zur Schule?

3. Im Text heißt es, eine Frau mit heller Hautfarbe ist die Patentante von Swetha. (Z. 61 – 69) Was ist damit gemeint?

Hunger und Armut in Indien heute, S. 131

1. Warum haben viele Menschen in Indien nicht genug zu essen?

2. Wie sind diese Menschen im Schaubild markiert?

3. Wie viel verdient
   - der Vater?
   - die Mutter?
   - Usha?

4. War es leicht oder schwer die Tabelle zu verstehen? Sprecht darüber in der Klasse.

Kinder aus Deutschland erzählen, S. 132/133

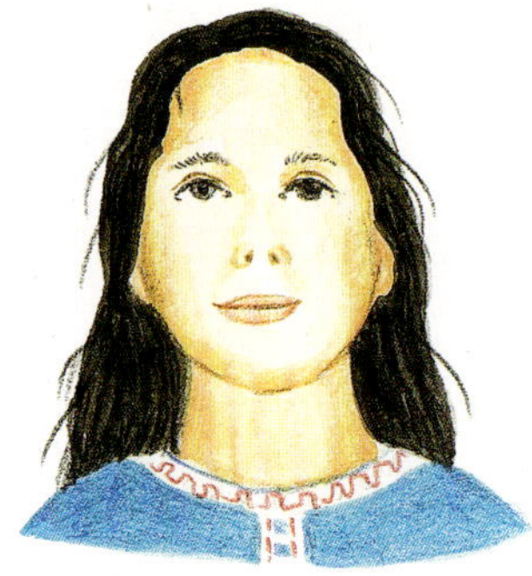

1. Stelle die vier Kinder vor (Lesetipp 3):
   - Wie heißen sie?
   - Wo kommen sie her?
   - Was haben sie alle gemeinsam?

***Kinder aus Deutschland erzählen**, S. 132/133 (Fortsetzung)*

2. Zeile 28 – 40: Was sagt Elena-Akrivi
   - über die Rechte von Mädchen?
   - über Schulen?
   - über Kinderarbeit?

3. Finde auf dem Globus den Kontinent Europa und das Land Deutschland sowie den Kontinent Asien und das Land Indien.

4. Findet das Dorf Motakondur auf der Karte Seite 126.
   Sucht die Stadt Hyderabad auf dem Globus.

5. Die Theatergruppe in Lübeck sammelte Geld für arme Kinder in Indien.

   Es gibt weitere Möglichkeiten, Geld für Kinder in Not zu sammeln:
   - alte Sachen auf dem Flohmarkt verkaufen
   - Sport- und Spielnachmittage veranstalten
   - Bücher sammeln und wieder verkaufen
   - bei der Sternsinger-Aktion mitmachen
   - eine Altpapiersammlung durchführen
   - Bilder malen und verkaufen
   - einen lustigen Vortragsabend für die Eltern veranstalten

   Bei welcher Aktion würdest du gerne mitmachen?
   Sprecht in der Klasse darüber.

6. Ayushi kam im Alter von 4 Jahren nach Deutschland.
   Sie sprach kein Wort Deutsch.
   Wie könntet ihr Ayushi helfen,
   wenn sie in eurer Schule wäre?
   Überlegt mit einem Partner und
   sprecht in der Klasse darüber.

Suri geht in die Schule

In Deutschland lernen Kinder in der Schule, wie viel 14 + 3 ist. Suri in einer Dorfschule in Indien lernt, dass eine Kuh sieben Pfund Heu am Tag frisst und ein Kalb drei Pfund Heu. Wenn ihre Lehrerin sie dann fragt, wie viel Heu Suri am Tag braucht, um ihre Tiere zu füttern, antwortet das Mädchen: „17 Pfund“, denn sie hat zu Hause zwei Kühe und ein Kalb.

Suri ist neun Jahre alt und lebt mit ihrer Familie in einem kleinen Dorf in Rajasthan, im Nordwesten Indiens. Ihre Eltern sind sehr arm, deshalb muss Suri zu Hause mit anpacken: Essen kochen, Tiere hüten, Wasser holen. Sie hat keine Zeit, tagsüber auf eine normale Schule zu gehen. Aber lernen will sie trotzdem.

Zusammen mit den anderen Mädchen aus ihrem Dorf geht Suri deshalb in eine „Nightschool“. Auf Deutsch heißt das „Nachtschule“. In der Schule lernen sie eine neue Sprache – Englisch. Die Kinder lernen nicht wirklich nachts, sondern am späten Abend, von 19 bis 22 Uhr. Wenn es sehr kalt ist oder regnet, gehen sie in einen Raum, sonst findet der Unterricht im Hof statt. Weil Strom teuer ist, lernen die Kinder beim Licht von Solarlampen. Alle sitzen auf dem Boden, das ist nicht sehr bequem, aber die Kinder in Indien kennen es nicht anders.

1. Lest den Text und beantwortet die Fragen. Schreibt wichtige Stichwörter auf.
   - Warum besucht Suri die Nightschool?
   - Wo findet der Unterricht statt?
   - Welche Arbeiten verrichtet Suri zu Hause?
   - Warum benötigt Suri 17 Pfund Heu am Tag?
   - Warum lernen die Kinder in Indien Englisch? Recherchiert im Internet.

2. Lest die Treppenwörter schnell und fehlerlos um die Wette.

Land
Landkarte
Landkartenmaler
Landkartenmalerausbildung
Landkartenmalerausbildungszentrum

Theater
Theatergruppe
Theatergruppenleiterin
Theatergruppenleiterinnen
Theatergruppenleiterinnentreffen

Kinder
Kinderzimmer
Kinderzimmerschreibtisch
Kinderzimmerschreibtischlampe
Kinderzimmerschreibtischlampenschirm

Lerntagebuch

Schreibe in dein Lerntagebuch, was du gelernt hast.
Stelle dir folgende Fragen zu den gelesenen Texten:

- Konnte ich den Text flüssig lesen?
- Habe ich den Text verstanden?
- Konnte ich die Aufgaben zum Text lösen?
- Wie finde ich den Text? Was möchte ich noch aufschreiben?

Schätze dich selbst ein: Male ☺ 😐 ☹.

Was möchtest du noch üben?

Hier ein Ausschnitt aus Hannas Lerntagebuch:

Suri geht in die Schule

- Ich habe den Text mit einem Partner gelesen. Die fünf Fragen konnte ich beantworten. ☺
- Viele Kinder müssen in Indien die Nightschool besuchen, weil sie arm sind. Da schlafe ich schon. ☹
- Ich habe auf der Internetseite „Kluges Köpfchen" gelesen, dass Indien früher eine englische Kolonie war. Deshalb ist Englisch in ganz Indien verbreitet. 😐
- Ich werde in meiner Klasse vorschlagen, am nächsten Schulfest ein Plakat über die Kinder in Indien zu gestalten. ☺

Rund um Bücher und Medien

Nils Holgerssons wunderbare Reise

Nils – ein böser Junge

Nils Holgersson und seine Eltern lebten auf einem Bauernhof in einem kleinen Dorf in Schweden. Die Katzen zog er am Schwanz, wenn er sie erwischte; die Hühner erschreckte er, wenn sie friedlich Körner pickten; die Gänse packte er am Hals oder bewarf sie mit Steinen. Immer fiel ihm etwas ein, womit er ein Tier auf dem Bauernhof erschrecken oder quälen konnte.

Natürlich waren seine Eltern deshalb oft über ihn verärgert und schimpften häufig mit ihm. Auch sonst machte Nils seinen Eltern nicht viel Freude. Jede Arbeit war ihm zu schwer, jede Aufgabe war ihm lästig. Wenn der Vater oder die Mutter Hilfe brauchten, war Nils weg, wie vom Erdboden verschluckt. Er erschien erst wieder, wenn gewiss nichts mehr zu tun war.

An einem Sonntag, als Nils Holgerssons Eltern in der Kirche waren, langweilte sich der Junge sehr.

Sein Vater hatte ihm verboten, auf dem Hof herumzustreunen, die Tiere zu ärgern oder anderen Unsinn zu machen. Nils sollte eine lange Predigt in einem dicken Buch lesen. Das fand der Junge schrecklich langweilig. Trotzdem setzte er sich hin und schlug wenigstens das Buch auf. Denn der Vater war heute besonders streng gewesen.

Plötzlich hörte er ein Rascheln und ein Tapsen. Was war das? Er drehte sich um. Auf der großen Truhe seiner Mutter sah er ein kleines Wichtelmännchen sitzen.

Das Wichtelmännchen hatte einen altmodischen schwarzen Anzug und ein weißes Spitzenhemd an. Sein Gesicht war grau und runzlig. Auf dem Kopf trug es einen hohen schwarzen Hut. Das Wichtelmännchen merkte nicht, dass es beobachtet wurde. „Ja, endlich!“, lachte Nils in sich hinein. „Jetzt gibt es viel Spaß. Das Männchen muss gefangen werden.“

Leise holte er ein altes Fliegennetz, schlich sich an und schwupp war der Wichtel im Netz und schrie und zappelte.

Aufgaben ⇢ S. 161 Lerntagebuch ⇢ S. 164

Nils wird in ein Wichtelmännchen verwandelt

Aber Wichtel dürfen nicht gefangen werden, das bringt Unglück. Nils sollte diesen Streich bald sehr bedauern. Jetzt schüttelte er das Netz hin und her und ärgerte den Wichtel.

Plötzlich erhielt Nils eine schreckliche Ohrfeige. Der Junge wurde heftig gegen die Wand geschleudert und fiel schwer auf den Boden. Erst nach einer Weile rappelte sich Nils langsam auf. Er schleppte sich zu seinem Stuhl. Der stand viel weiter weg als vorher. Der Stuhl war auch größer geworden und viel höher. Wie ein kleines Kind musste Nils daran hochklettern. Was war geschehen? Was war mit ihm los? Vom Stuhl aus konnte er in einen Spiegel sehen. Neugierig schaute er hinein und rief überrascht: „Oh, da ist ja noch ein Wichtelmännchen!“ Es war ganz jung. Es war kein runzliger Wichtel wie der, den er gefangen hatte. „Du hast ja meine Lederhose an, meine Mütze“, rief Nils belustigt. Er winkte und zog ein paar Grimassen.

Das tat der Kleine im Spiegel auch, ganz wie Nils. – Wie Nils? Nein, Nils war es selbst. Nils war kein normaler Junge mehr, er war in einen Wichtel verwandelt worden.

Voll Entsetzen wurde ihm klar, was mit ihm geschehen war. Er schlug die Hände vors Gesicht und schluchzte laut auf. „Wichtelmännchen! Warum hast du mich verwandelt? Was habe ich dir getan?“, jammerte Nils weinend. Dann flehte er: „Bitte, mache mich wieder zu einem Menschen!“ und er versprach: „Ich will nie wieder etwas Böses tun.“ Niemand antwortete.

Nils rief lauter: „Bitte hilf mir! Ich tu alles, was du verlangst.“ Niemand antwortete. Das Wichtelmännchen war verschwunden.

Hastig machte sich Nils auf die Suche. Vielleicht war das Wichtelmännchen in der Scheune. Schon lief er quer über den Hof, wo die Hühner gackerten und die Gänse schnatterten.

„Tschilp, tschilp“, rief ein Spatz laut vom Scheunendach. „Der freche Nils ist jetzt ein Wichtelmännchen, tschilp!“

Erstaunt bemerkte der Junge, dass er die Tiersprache verstand. Im nächsten Augenblick hatten ihn auch die Hühner entdeckt. Sie kamen alle herbeigelaufen und scharten sich um Nils.

„Gack, gack, das geschieht ihm recht!“, riefen sie und bedrängten ihn mit vorgestrecktem Schnabel. Nils war zu klein geworden, um sich zu wehren. Die Hühner hätten ihn wohl gerne angepickt und gezwickt. Doch ganz plötzlich verstummte das Gegacker.

Ein Katzenlöwe oder eine Löwenkatze kam daher. Es war nur Mieze, aber sie war jetzt riesengroß. „Liebe Mieze“, sagte Nils freundlich und ein wenig ängstlich, „weißt du, wo das Wichtelmännchen wohnt?“ Die Katze kam zu ihm her und schnurrte erst nur leise, plötzlich machte sie einen Riesensatz und sprang auf Nils zu. Sie fauchte und zischte, ihre Augen glühten. Nils erschrak sehr.

Jetzt schlug die Katze ihre scharfen Krallen in seinen Arm. Das tat weh. Die alte Hofkatze war nun ein gefährliches Tier.

„Weißt du jetzt, wer der Stärkere ist?“ So fauchte die Katze und ließ ihn langsam los. Nils nickte entsetzt und lief weg, so schnell er konnte. Diesmal war er der Gefahr entronnen. Es tat ihm leid, dass er Mieze so oft am Schwanz gezogen hatte. Natürlich war sie böse auf ihn.

Nils versteckte sich in einer Ecke des Hühnerhofes. Er traute sich nicht mehr ins Haus. Seine Eltern sollten nicht sehen, dass er in ein Wichtelmännchen verwandelt worden war. Nils schämte sich und war sehr unglücklich.

Nils und Martin fliegen mit den Wildgänsen weg

Es war jetzt Frühling.
Zu dieser Jahreszeit flogen Wildgänse in Scharen über das Dorf.
Ihr Schnattern und Erzählen hörte man bis zum Hof der Holgerssons.
Besonders aufmerksam hörte der junge weiße Gänserich Martin zu.
Oft sah man, dass er seine Flugmuskeln trainierte.
Er breitete dabei die Flügel weit aus und schlug heftig hin und her.

Auch an diesem Sonntag übte Martin eifrig.
„He, Martin“, rief Nils, „was ist los?“
„Hallo, wer bist denn du?“, wunderte sich Martin.
In diesem Augenblick hörten beide das Geschrei von Graugänsen.
Die Gänseschar flog über den Hof hinweg.
„Ich fliege mit, ich fliege mit“, rief Martin da und hob die Flügel.

„Nein, das darfst du nicht! Bleib auf dem Hof!“
Nils hängte sich an Martins Hals und versuchte, ihn zurückzuhalten.
Aber als kleiner Wichtel war Nils viel zu schwach.
Er konnte Martin nicht am Fliegen hindern und am Boden halten.

Martin flog erst schwerfällig, dann immer geschickter und schneller. Bald hatte er die Wildgänse eingeholt. Nils konnte nicht mehr abspringen, ohne sich das Genick zu brechen. Mit beiden Händen krallte er sich im Gefieder fest. Nach und nach gelang es ihm, auf Martins Rücken zu klettern, da konnte er sich besser halten.

Nun saß Nils auf Martins Rücken und schaute sich um. Er spähte an Martins vorgestrecktem Hals vorbei nach vorn, da flogen die Wildgänse in ihrer Reihe.

Tief unter sich sah er ganz klein den Hof der Eltern und das Dorf. Außen herum lagen die Felder wie bunte Lappen. Das war alles sehr schön. Aber es machte Nils auch traurig. Er war jetzt ein Wichtelmännchen und konnte das Dorf, den Hof und die Eltern vielleicht nie wiedersehen.

Nils klammerte sich fest auf Martins Rücken. Der Flugwind wirbelte seine Haare auf. Nils war gespannt und neugierig, wie dieser Tag enden würde.

So begann die wunderbare Reise von Nils Holgersson auf dem Rücken des Gänserichs Martin durch Schweden.

Die Wildgänse fliegen den ganzen Tag nach Norden und rasten am Abend an einem See. Dort werden Martin und Nils zu richtigen Freunden. Aber das ist eine neue Geschichte.

Die neuen Freunde erleben auf ihrer Reise viele Abenteuer und Nils kommt doch wieder nach Hause zurück.

Nacherzählung der ersten Kapitel aus „Nils Holgerssons wunderbare Reise durch Schweden“ von Selma Lagerlöf

In jeder Bücherei und in jeder Buchhandlung gibt es verschiedene Ausgaben des Kinderbuches „Nils Holgersson“ von Selma Lagerlöf.

Wir erstellen ein Hörbuch

Sicher habt ihr zu Hause, im Kindergarten oder in der Schule schon Hörbücher zu den bekannten Geschichten von Nils Holgersson, Pippi Langstrumpf oder Heidi gehört. Als ihr noch nicht selbst lesen konntet, war das bestimmt eine tolle Möglichkeit, die spannenden Geschichten zu hören.

Wie wäre es, wenn ihr selbst ein Hörbuch erstellen würdet? Was benötigt ihr dazu? Wie könnt ihr vorgehen?

Für den Anfang genügt ein Rekorder mit einem Mikrofon. Wer schon Tonaufnahmen von sich und seinen Freunden gemacht hat, weiß, wie solch ein Gerät funktioniert. Er wird die Aufnahmetechnik übernehmen. Wenn ihr euch für „Nils Holgerssons wunderbare Reise“ entscheidet, müsst ihr besprechen, welche Geräusche ihr selbst erzeugen wollt: Etwa, wenn Nils mit Steinen wirft, das Rascheln des Wichtelmännchens, wenn Nils eine Ohrfeige erhält …

Wer kann die Tierlaute gut nachmachen? Das solltet ihr unbedingt vorher ausprobieren, auch schon mit Tonaufnahmen. Wer liest die einzelnen Personen: Nils, eventuell die schimpfende Mutter, den strengen Vater, den Erzähler?

Damit die Aufnahme gelingt, ist es nötig, den immer gleichen Ablauf einzuüben. Dazu erstellt man am besten ein Drehbuch. Dieser Fachausdruck wird eigentlich bei der Produktion von Filmen verwendet. Früher haben sich bei den Filmkameras große Filmrollen gedreht, daher der Name.

Ihr erstellt am besten eine Tabelle, in die ihr die einzelnen Abschnitte eintragen und mit kleinen Zeichnungen versehen könnt. Der Verlauf wird dadurch für alle Mitwirkenden übersichtlich. Etwa so:

Erzähler	Textstelle	Tonaufnahme
E.	Zeile 1/2	Ein Kind mit Musikinstrument kann die Titelmelodie spielen.
E.	Z. 3	Eine Katze miaut klagend. 
E.	Z. 4	Die Hühner gackern erschreckt. 
E.	Z. 5	Die Gänse schnattern erschreckt. 
E.	Z. 8/9	Mutter schimpft: „Aber Nils, was hast du jetzt wieder angestellt?“ 
E.	Z. 12/13	Vater ruft: „Nils, kannst du mir helfen?“ 

Wenn euch diese Tonaufnahme Spaß gemacht hat, könnt ihr für die nächste Nils-Holgersson-Geschichte selbst ein „Drehbuch“ schreiben und eine Fortsetzung eures Hörbuchs erstellen. Die sprechenden Tiere hören sich sicher lustig an.

Filmtiere für Nils Holgersson

Im Jahr 2011 wurde das Buch mit echten Menschen und Tieren verfilmt. Die Schauspieler lernen den Text und spielen ihre Rolle. Das kennen wir.

Aber wie können scheue und wilde Tiere zu zahmen Filmtieren werden? In der Filmtierschule schlüpften die **Gänseküken** ein Jahr vor Drehbeginn aus dem Ei. Von da an spielte der Tiertrainer Marco täglich mehrere Stunden mit ihnen. Deshalb hielten die Küken den Menschen für ihre Gänsemutter. In der Natur lernen die Küken von der Mutter, was sie fressen können und was gefährlich und was ungefährlich ist. In der Filmtierschule haben die Küken von Marco gelernt, dass eine Kamera nicht beißt. Wenn er keine Angst hat, dann sind auch seine Gänsekinder nicht ängstlich.

Marcos Lieblingstier in der Filmtierschule ist der **Rabe Bataki**. Er ist sehr klug und spielt den Menschen oft Streiche. Wenn er etwas nicht so gerne tun will, lockt der Trainer ihn mit leckerem Futter oder mit Streicheleinheiten. Das hilft fast immer. Der Rabe hat zu seinem Trainer eine ganz enge Bindung. Er begrüßt ihn mit freundlichem Gurren.

Bataki krächzt aber auch laut, wenn es um Futter geht. Wenn er immer gut behandelt wird, kommt er nach dem Freiflug stets auf den Handschuh des Trainers zurück.

Für die Rolle des Fuchses holte Marco die zahmen **Fuchsbrüder** „Wodka“ und „Sputnik“ aus Russland. Die Füchse bewältigten ohne Scheu ihre Aufgaben bei den Dreharbeiten. Sie waren großartige Schauspieler. Marco war immer nahe dabei, wenn sein „Star“ Sputnik vor die Kamera musste. Er gab ein Zeichen und schon saß der Fuchs Sputnik still.

Wo sind die Filmtiere jetzt? Nach den Dreharbeiten in Schweden kehrten alle Tiere mit ihrem Trainer nach Deutschland in die Filmtierschule zurück. Die Füchse leben in einem großen Gehege. Die Raben sind in einen Flugkäfig eingezogen. Die Gänse Martin und Veronika leben bei einem Schauspieler auf dem Bauernhof. Die anderen Gänse leben frei in der Filmtierschule und machen täglich ihre Rundflüge. Es gefällt ihnen so gut, dass sie nicht wegfliegen. Vielleicht hoffen sie auf eine neue Rolle.

Aufgaben ⇢ S. 162 Lerntagebuch ⇢ S. 164

Worüber der Franz unzufrieden ist

Der Franz ist mit seiner Mama und mit seinem Papa fast immer zufrieden. Nur wenn es ums Fernsehen geht, muss er sich über die beiden ärgern. Weil sie Fernseh-Muffel sind! Kabelfernsehen haben sie nicht legen lassen, eine Satelliten-Schüssel wollen sie auch nicht. Bloß drei Programme kann der Franz sehen. Oft beschwert er sich bei der Mama: „Alle Kinder haben Kabel. Oder eine Satelliten-Schüssel. Zwanzig Programme können die sehen. Und ich bin dauernd der Blöde.“

Der Franz kommt sich wie „der Blöde“ vor, weil die Kinder in der Schule immer von den Filmen reden, die sie im Fernsehen angeschaut haben. Und er kann dann nie mitreden. Und weil die Kinder sehr oft und sehr lange davon reden, kann er sehr oft nicht mitreden und muss sehr lang den Mund halten.

Der Eberhard hat ihn auch schon gefragt, ob seine Eltern so arm sind, dass sie sich keine Satelliten-Schüssel und keinen Kabelanschluss leisten können. Oder ob sie zu den Knackern gehören, die gegen das Fernsehen sind.

Der Franz mag nicht, dass man seine Eltern für arm hält. Oder für Knacker. Und den Mund halten, wenn andere reden, mag er auch nicht.

Vor zwei Wochen nun haben die Kinder wieder einmal über eine TV-Serie geredet. Über eine, wo ein Detektiv einen Hund als Partner hat. Und der ist so klug, dass er Verbrechen erschnüffelt. Die einen Kinder haben die Serie toll gefunden. Die anderen Kinder haben gesagt, sie sei doch totaler Unsinn. Weil es so einen Hund nicht geben kann. Der Franz ist still dabeigesessen.

„Was meinst du?“, hat Alexander gefragt. Der Franz wollte nicht schon wieder sagen, dass er diese Serie zu Hause nicht sehen kann. So sagte er: „Ich hab was anderes angeschaut.“

(In Wirklichkeit hat er mit der Mama Fang-den-Hut gespielt.)

„Und zwar?“, fragte Alexander.

„Eine andere Serie“, sagte Franz.

„Und zwar?“, fragte Martina.

„Eine ... von einem Astronauten ... von einem anderen Planeten ... der landet bei uns ... und sein Raumschiff geht dabei kaputt“, sagte der Franz.

„Auf welchem Sender?“, fragte der Max.

„Sat-sechs!“, sagte der Franz und seine Stimme war dabei ein bisschen piepsig.

Wie die Geschichte weitergeht, erfährst du in dem Buch „Fernsehgeschichten vom Franz“ von Christine Nöstlinger. Es gibt die Geschichten vom Franz auch als Hörbücher.

Steckbrief Christine Nöstlinger

Im Lesebuch sind zwei Geschichten vom Franz und das Gedicht „Frühling“ von Christine Nöstlinger abgedruckt. Christine Nöstlinger war eine österreichische Schriftstellerin. Sie schrieb weit über 100 Bücher und zählt zu den bekanntesten Kinderbuchautoren des deutschen Sprachraums.

geboren: 13.10.1936
gestorben: 28.06.2018
Geburtsort: Wien, Hauptstadt von Österreich
Eltern: Der Vater war Uhrmacher, die Mutter Kindergärtnerin.
Familie: Sie war verheiratet mit dem Journalisten Ernst Nöstlinger (†) und hatte zwei Töchter.
Beruf: Sie studierte Malerei und wurde dann Schriftstellerin – sie schrieb vor allem Kinder- und Jugendbücher. Sie war auch für Fernsehen, Radio und Zeitschriften tätig.

Christine Nöstlinger hatte schon mit ihrem ersten Buch „Die feuerrote Friederike“ großen Erfolg. Sie schrieb viele weitere, darunter die Reihe der Geschichten vom Franz und die vom Mädchen Mini. Gerne schrieb sie auch Geschichten und Gedichte in ihrem Wiener Dialekt. Ein Gedicht heißt z. B. „Mei radl“. Für viele ihrer Bücher erhielt sie Preise, auch den Astrid-Lindgren-Gedächtnis-Preis und die Hans-Christian-Andersen-Medaille. Christine Nöstlinger wendet sich in ihren Büchern gegen jede Art von Ungerechtigkeit. Sie will Kindern Mut machen und Trost zusprechen, wenn sie schlecht behandelt werden.

Besuch in der Stadtbücherei

„Guten Morgen“, begrüßte Frau Klein ihre Klasse 2 b freundlich, wie sie es jeden Tag machte. „Am Donnerstag in dieser Woche haben wir die Gelegenheit, unsere Stadtbücherei in einer extra Führung kennenzulernen. Ist das nicht prima?“ Einige freuten sich gleich: „Au ja, ich geh da manchmal mit meiner Mutter hin.“

Frank meldete sich: „Bücher kann man auch in einer Bibliothek ausleihen.“ „Stimmt, Frank“, antwortete Frau Klein. „Bücherei und Bibliothek ist dasselbe.“ „Biblio –, Biblio –“, murmelte Lisa. „Ja“, sagte die Lehrerin, „das ist ein schweres Wort. Ich sage es einmal ganz langsam und ihr sprecht mir nach: Bi bli o thek.“ Alle sagten: „Bi bli o thek.“ Dann schrieb Frau Klein das Wort an die Tafel und machte auf das ‚h‘ nach dem ‚t‘ aufmerksam.

„Jetzt zu unserem Besuch“, sagte die Lehrerin zur Klasse. „Für Donnerstag gibt es keine besonderen Hausaufgaben. Macht euch auch Gedanken, welches Buch ihr ausleihen wollt. Mit der Bibliothekarin, so nennt man die Frau, die in der Bücherei arbeitet, habe ich ausgemacht, dass jeder in der Klasse ein ‚Schnupperbuch‘ ausleihen darf.“

Vor dem Lesen ⇢ Lesetipp 5, S. 188

Am Donnerstag stand die Klasse in der Vorhalle der Stadtbücherei. Frau Schulze, die Bibliothekarin, begrüßte sie und auf ihre Frage riefen die Kinder gleich durcheinander: „Meine Oma kommt gern hierher, sie holt immer Hörbücher.“ „Meine große Schwester war gestern da, sie muss für Englisch etwas über London schreiben.“ „Mein Vater war auch hier, er hat sich ein Buch über Fische geholt.“ „Meine Mutter leiht sich gern Romane aus.“ „Ja“, sagte Frau Schulze. „So viele verschiedene Bücher gibt es hier. Und jetzt zeige ich euch, wie man genau das Buch findet, das man ausleihen will.“

Frau Schulze machte die Kinder auf die Schilder aufmerksam, die über den Regalen mit vielen, vielen Büchern angebracht waren. Schon von der Vorhalle aus konnte man einige Schilder lesen: Technik, Romane A-D, Sport, Gartenbau. „Das sind Sachgebiete“, erklärte Frau Schulze, „alle Bücher werden zuerst nach ihrem Inhalt geordnet. Deshalb gibt es auch eine extra Abteilung für Kinderbücher.“

Die Schüler folgten Frau Schulze in die Abteilung für Kinderbücher. Hier gab es kleine Bänke, drei Kisten voll mit Bilderbüchern und natürlich viele Bücherregale. „Findet einmal selbst heraus, wie die Bücher hier geordnet sind“, forderte Frau Schulze die Kinder auf.

Lisa rief: „Auf diesem Regal gibt es Märchen und dort sind Tierbücher, so steht es auf den Schildern.“ Frank zeigte auf das Regal mit dem Schild „Sachbücher“, und Ulrike sagte: „Oh, da gibt es Indianerbücher. Darf ich sie mir mal anschauen?“

Schnell fanden die Kinder heraus, dass viele Buchregale nach der Altersgruppe der Leser beschildert waren: ab 6 Jahren; ab 8 Jahren; ab 10 Jahren.

Moni wusste schon: „Da stehen die normalen Kinderbücher. Aber“, fügte sie hinzu, „ich weiß einfach nicht, wo ich das Buch ‚Wir Kinder aus Bullerbü‘ finden kann.“ Frau Schulze nickte und holte die Schüler ganz nah zu einem Regal. Sie zeigte ihnen, dass auf jedem Buchrücken ein Streifen klebt. Es war eine Zahl darauf für das Sachgebiet und darunter waren drei Buchstaben.

„Die Bücher in einem Sachgebiet sind alphabetisch geordnet“, erklärte sie, „und zwar nach dem Nachnamen des Autors. Ein Beispiel: Das Buch ‚Pippi Langstrumpf‘ hat auch Astrid Lindgren geschrieben. Es ist auf dem Regal für Kinder ab 8 Jahren. Bei ‚Lin‘ wird Moni ihr Buch finden.“ Frau Schulze lächelte: „Wenn es nicht schon ausgeliehen ist, natürlich.“

Die Schüler gingen an die Regale, da sie nun wussten, wo sie ein Buch mit ihrem Lieblingsthema finden konnten. Die kleine Lisa kam mit einem riesengroßen Buch zurück, darin waren schöne Bilder und eine Schmetterlingsgeschichte. Frank fand ein Buch über Saurier, Uli holte sich eine DVD, Natalie hatte die CD „Mein Pony“ dabei und Moni fand „Wir Kinder aus Bullerbü“.

Jedes Kind konnte sich ein Buch, eine CD oder eine DVD ausleihen. Alles wurde in den Computer der Bücherei eingegeben. Vier Wochen durften die Kinder das Buch, die CD oder die DVD behalten.

Warum ist die Stadtbücherei heute eine Mediathek?

Die Bibliothekarin erklärt:

Hier findest du Romane und Geschichten für 6- bis 9-Jährige. Die Sachbücher stehen weiter hinten. Sie sind nach Themen geordnet.

In diesem Regal stehen Hörbücher zum Ausleihen bereit.

Hier siehst du viele aktuelle DVDs. Sie sind sehr beliebt.

Brett- und Konsolenspiele kannst du ebenfalls bei uns ausleihen. Bei uns gibt es viel mehr als nur Bücher.

In unserer Leseecke kannst du gerne in Büchern schmökern oder Hörbücher anhören.

Fotos mit freundlicher Genehmigung der Stadtbibliothek Offenburg

Aufgaben ⇢ S. 163 Lerntagebuch ⇢ S. 164

Nils Holgerssons wunderbare Reise, S. 139 – 147

Nils – ein böser Junge, S. 139/140

1. Nils ist ein böser Junge. Was tut er? Schreibt Stichwörter.
2. Sammelt die Stichwörter an der Tafel und besprecht das Verhalten von Nils.

Nils wird in ein Wichtelmännchen verwandelt, S. 141 – 144

3. a) Lies die Überschrift und schaue dir die Bilder an (Lesetipp 2). Schreibe Stichwörter.
   b) Tausche dich mit einem Partner aus. Lest die Geschichte abwechselnd.
   c) Sprecht über die Geschichte.
   - Wie fühlte sich Nils früher?
   - Wie fühlt er sich jetzt?

   Diese Wörter können euch helfen:

mächtig | unterlegen | gemein | faul | hilflos | überlegen

Ist die Strafe für Nils gerecht?

Nils und Martin fliegen mit den Wildgänsen weg, S. 145 – 147

Tipp 9

Lesetipp 9 – Lesetagebuch führen (siehe Seite 190)
In einem Lesetagebuch könnt ihr den Inhalt des Textes, eure Gedanken, Meinungen und Ideen dazu aufschreiben. Es ist eine Erinnerungshilfe, um sich mit anderen über den Text auszutauschen.

4. Lest die ganze Geschichte zu Hause und führt ein Lesetagebuch. Seite 190 hilft dir dabei.

Wir erstellen ein Hörbuch, S. 148/149

1. Erstellt mithilfe des Textes ein Hörbuch.
2. Welche Erfahrungen habt ihr bei eurem Hörbuch gemacht? Schreibt alle Tipps auf, die euch beim nächsten Hörbuch helfen können.
3. Was fiel dir beim Erstellen des Hörbuchs leicht? Was musst du noch üben?

Filmtiere für Nils Holgersson, S. 150/151

1. Bildet Gruppen. Jede Gruppe liest einen Abschnitt:
   - die Gänseküken (Z. 4 – 12)
   - der Rabe Bataki (Z. 13 – 23)
   - die Fuchsbrüder (Z. 24 – 33)
   - Wo sind die Tiere nach den Dreharbeiten? (Z. 33 – 49)

2. Jede Gruppe stellt ihren Abschnitt der Klasse vor.
   Lest anschließend den ganzen Text in der Klasse gemeinsam.
   Die Gruppen wechseln sich ab.
3. Ihr könnt euch den Film über Nils Holgersson ansehen.

Worüber der Franz unzufrieden ist, S. 152 – 154

1. Warum kann Franz nur drei Fernseh-Programme einschalten? (Z. 7 – 10)
2. Warum ärgert ihn das? (Z. 15 – 29)
3. Welche Lösung findet er?
4. Stelle dir vor, du dürftest eine eigene Fernsehserie erfinden.
   Überlege mit einem Partner:
   - Was wäre das Thema?
   - Für wen wäre die Serie?
   - Wer würde mitspielen?
5. Stellt eure Serie in der Klasse vor.

Steckbrief Christine Nöstlinger, S. 155

1. Schreibe fünf Quizfragen auf für ein Fragespiel in der Klasse.
2. Zwei Gruppen spielen gegeneinander,
   z. B einfarbige T-Shirts gegen bunte.
   Wer sich zuerst meldet, darf antworten.
   Ist die Antwort falsch,
   erhält die Gegenseite den Punkt.

Besuch in der Stadtbücherei, S. 156 – 160

1. Wie heißt das Fremdwort für Bücherei?
   Warum ist eine Bücherei heute eigentlich eine Mediathek?
2. Gehst du in die Bücherei deiner Stadt? Was findest du gut?
   Was gefällt dir weniger? (Lesetipp 5)
3. Beschreibe mit eigenen Worten, wie die Bücher sortiert sind.
4. Plant einen Klassenbesuch in der Stadtbücherei.
5. Leiht euch ein Buch, ein Hörbuch oder eine DVD aus.
   Stellt anschließend in der Klasse vor, was ihr euch ausgeliehen habt.
6. Stellt euer Lieblingsbuch vor:
   - Wie heißt es?
   - Wie heißt der Autor?
   - Um was geht es?
   - Warum ist es dein Lieblingsbuch?

Lesetraining

1. Lest die Treppenwörter und Treppensätze fehlerlos um die Wette.

Film
Filmtier
Filmtierschule
Filmtierschuletrainer
Filmtierschuletrainergehilfe

Raben
Rabenvögel
Rabenvögelflug
Rabenvögelflugkäfig
Rabenvögelflugkäfigtür
Rabenvögelflugkäfigtürschloss

Wildgänse fliegen.
Wildgänse fliegen im Frühling.
Wildgänse fliegen im Frühling in Scharen.
Wildgänse fliegen im Frühling in Scharen über das Dorf.
Wildgänse fliegen im Frühling in Scharen über das Dorf in Schweden.

2. Bilde selbst Treppenwörter und Treppensätze. Schreibe sie in dein Heft.

3. Lest die Texte auf den Zetteln und bringt sie in die richtige Reihenfolge. Lest sie dann noch einmal in der richtigen Reihenfolge.

(i) Seine Eltern waren am Sonntag in der Kirche. Nils langweilte sich sehr. Da hörte er ein Rascheln in der Stube. Er entdeckte ein Wichtelmännchen.

(l) Das Wichtelmännchen trug einen schwarzen Anzug und einen Hut auf dem Kopf. Es merkte nicht, dass es beobachtet wurde.

(s) Nils holte ein Fliegennetz und näherte sich leise dem Wichtelmännchen. Mit einem schnellen Schwung fing er das kleine Männchen im Netz.

(N) Nils Holgersson und seine Eltern lebten in einem Dorf in Schweden. Immer wieder quälte Nils die Tiere auf dem Bauernhof seiner Eltern.

Lerntagebuch

Schreibe in dein Lerntagebuch, was du gelernt hast.
Stelle dir folgende Fragen zu den gelesenen Texten:

- Konnte ich den Text flüssig lesen?
- Habe ich den Text verstanden?
- Konnte ich die Aufgaben zum Text lösen?
- Wie finde ich den Text? Was möchte ich noch aufschreiben?

Schätze dich selbst ein: Male ☺ 😐 ☹.

Was möchtest du noch üben?

Hier ein Ausschnitt aus Hannas Lerntagebuch:

Lesetraining auf Seite 163 und 164

- Zuerst habe ich die Treppenwörter gelesen. Das muss ich noch ein wenig üben. 😐
- Die Kästchen auf Seite 163 habe ich in der richtigen Reihenfolge lesen können. Das Lösungswort heißt Nils. ☺
- Ich habe in der Bücherei das Buch „Nils Holgerssons wunderbare Reise durch Schweden" ausgeliehen. Das hat keine farbigen Silben. Ich kann es gut lesen. ☺

Gedichte und Feste im Jahreskreis

Wenn ein Löwe in die Schule geht

Wenn ein Löwe in die Schule geht,
lernt er:
brüllen und schleichen
und mit weichen
Tatzen
kratzen.

Wenn ein Hase in die Schule geht,
lernt er:
mümmeln
und lümmeln,
hoppeln und springen,
aber nicht singen.

Wenn ein Igel in die Schule geht,
lernt er:
Kugel spielen,
nachts holterdipoltern
und die langen
Schlangen fangen.

Wenn die Kinder in die Schule gehn,
lernen sie:
lesen, rechnen, schreiben,
auf den Plätzen bleiben,
sie lernen von Blumen und Spatzen
und warum Luftballons platzen.

Friedl Hofbauer

Vor dem Lesen ⇢ Lesetipp 10, S. 191 Aufgaben ⇢ S. 182 Lerntagebuch ⇢ S. 185

Der Herbst steht auf der Leiter

Der Herbst steht auf der Leiter
und malt die Blätter an,
ein lustiger Waldarbeiter,
ein froher Malersmann.

Er kleckst und pinselt fleißig
auf jedes Blattgewächs,
und kommt ein frecher Zeisig,
schwupp, kriegt der auch ’nen Klecks.

Die Tanne spricht zum Herbste:
Das ist ja fürchterlich,
die andern Bäume färbste,
was färbste nicht mal mich?

Die Blätter flattern munter
und finden sich so schön.
Sie werden immer bunter.
Am Ende falln sie runter.

Peter Hacks

Der Wind vor dem Richter

Richter: Wer hat was gegen den Wind zu klagen?

1. Kläger: Mir hat er das Fenster entzweigeschlagen.
2. Kläger: Mich packte er wie einen Hund am Rock.
3. Kläger: Mir warf er vom Fenster einen Blumenstock.
4. Kläger: Mir zog er die Wäsche vom Seil auf den Rasen.
5. Kläger: Mir hat er die Zeitung vom Tisch geblasen.
6. Kläger: Mir hat er den Staub ins Gesicht geweht.
7. Kläger: Mir hat er den Regenschirm umgedreht.

Richter: Das sind ja ganz böse Geschichten.
Wer weiß nun was Gutes vom Wind zu berichten?

1. Zeuge: Mir wär' ohne Wind noch kein Drachen gestiegen.
2. Zeuge: Auch ich kann ihn brauchen beim Segelfliegen.
3. Zeuge: Er trocknet die Wäsche und trocknet die Erde.
4. Zeuge: Er lenkt doch die Wolken wie der Hund seine Herde.
5. Zeuge: Er ist auch ganz lustig, wenn er spielt mit den Hüten.
6. Zeuge: Und macht er nicht fruchtbar Millionen von Blüten?

Richter: Man bringe den Angeklagten hierher,
dann stelle er sich mal selber zur Wehr.

Diener: Herr Richter, ich suchte im ganzen Haus,
ich glaube, er flog zum Schornstein hinaus.

Richter: Dann ist er freilich nicht mehr zu fassen.
Wir wollen ihn weiterhin blasen lassen.

Oskar Dreher

Bruder Jakob

volkstümlich

Frère Jacques ist ursprünglich ein französisches Kinderlied, das in viele Sprachen übersetzt wurde. Es handelt sich um einen vierstimmigen Kanon, bei dem jede Textzeile verdoppelt wird.

Deutsch 

Bruder Jakob
schläfst du noch?
Hörst du nicht die Glocken?
Ding dang dong.

Französisch 

Frère Jacques
dormez-vous?
Sonnez les matines?
Ding ding dong.

Schwedisch 

Broder Jakob
sover du?
Hör du inte klockan?
Ding ding dong.

Englisch 

Are you sleeping
brother John.
Morning Bells are ringing.
Ding dang dong.

Nikolauslegende

In der Stadt Myra herrschte eine große Hungersnot. Nach einer sehr langen Trockenzeit war die ganze Ernte verdorben. Die Geschäfte waren ganz leer. Die Kinder weinten vor Hunger. Da traf im Hafen ein Schiff ein, das Korn geladen hatte. Die Menschen wollten etwas Getreide kaufen. Doch die Ladung war für den Kaiser in Byzanz bestimmt. Die Seeleute hatten große Angst, bestraft zu werden, wenn etwas fehlen würde. Als Bischof Nikolaus das hörte, ging er selbst zu den Seeleuten. „Helft doch den armen, hungernden Leuten“, bat er sie, „ihr braucht keine Angst zu haben. Bei eurer Ankunft beim Kaiser wird kein Korn fehlen.“ Die Matrosen hörten schließlich auf Nikolaus und schenkten den Einwohnern von Myra viele Säcke Getreide. Bischof Nikolaus sorgte dafür, dass alles gerecht verteilt wurde. Das Getreide reichte für zwei volle Jahre und konnte sogar noch für die nächste Aussaat verwendet werden. Als die Seeleute später beim Kaiser in Byzanz ankamen, stellten sie verwundert fest, dass die Ladung vollständig war. Obwohl sie den Menschen von Myra viele Säcke geschenkt hatten, fehlte kein einziges Korn. Bischof Nikolaus hatte sie nicht belogen.

Aufgaben → S. 183 Lerntagebuch → S. 185

Nikolausgedicht

Mein lieber guter Nikolaus,
ich möchte dir was sagen,
wenn du heut kommst in unser Haus,
dann helf' ich dir beim Tragen.

Wir bringen alles rein ins Haus,
du setzt dich in die Ecke
und ziehst die schweren Stiefel aus,
ich hol dir noch 'ne Decke.

Du musst doch wirklich müde sein.
Drum mach ich jetzt auch ganz allein
den großen Sack zur Hälfte leer,
dann hast du's nachher nicht so schwer.

Wenn du aufwachst, bring ich dir
noch schnell etwas zu trinken.
Du ziehst weiter, ich bleib hier
und werd' am Fenster winken.

Ich seh', du trägst den großen Sack
nun ohne Mühe huckepack.
Ach Nikolaus, wie bin ich froh!
Das machen wir jetzt immer so!

Aufgaben → S. 183 Lerntagebuch → S. 185

Vier Sonntage vor Weihnachten beginnt die Adventszeit.

„Advent“ kommt aus dem Lateinischen und bedeutet Ankunft. Gemeint ist die Geburt Jesu. Jeden Sonntag wird eine weitere Kerze angezündet.

Der Adventskalender – so macht das Warten Spaß

Damit das Warten nicht so schwerfällt, gab es auch schon früher kleine „Weihnachts-Warte-Hilfen“.

Da wurden zum Beispiel mit Kreide 24 Striche auf den Türrahmen gemalt. Jeden Morgen durften die Kinder einen Strich wegwischen.

Das fand vor etwa 100 Jahren ein Junge namens Gerhard Lang zu langweilig. Seine Mutter bastelte für ihn eine Tafel aus Pappe, auf der sie 24 Kekse befestigte. Gerhard durfte jeden Tag einen dieser Kekse essen.

Als Gerhard Lang erwachsen war, erfand er im Jahr 1904 den Adventskalender. Er bestand aus zwei bedruckten Teilen. Einem Bogen mit 24 Bildern zum Ausschneiden sowie einem Karton mit Versen auf 24 Feldern.

Die Kinder durften jeden Tag ein Bild ausschneiden, einen Vers lesen und das Bild darauf kleben.

Am 24. Dezember wurde das Jesuskind aufgeklebt.

So einen Adventskalender kannst du leicht auch für deine Eltern basteln.

Der erste Adventskalender. Hier wurden bereits alle 24 Verse mit Bildern überklebt.

Später hatte Gerhard Lang den Einfall, den Kalender mit Schokolade zu füllen. Prima Idee, Gerhard!

Aufgaben ⇢ S. 183 Lerntagebuch ⇢ S. 185

Wer kommt zur Weihnachtszeit?

In **Schweden** wird am 13. Dezember das Fest der heiligen Lucia gefeiert. Das Lucia-Mädchen in einem weißen Kleid mit rotem Gürtelband trägt auf dem Kopf einen grünen Kranz mit Kerzen. Man singt Lucia-Lieder und isst „Lussekatter“ (Lucia-Katzen), ein Safran-Gebäck.

In **Italien** fliegt die gute Hexe Befana erst in der Nacht vom 5. auf den 6. Januar (Dreikönigstag) auf einem Besen von Haus zu Haus. Sie ist auf der Suche nach dem Jesuskind und bringt für die Kinder Geschenke mit, denn in irgendeinem Haus könnte das Jesuskind ja sein.

In **Österreich** und auch in **Bayern** begleitet der furchterregende Krampus den heiligen Nikolaus. Sie kommen am Abend des 5. Dezembers. Der Krampus erschreckt die Kinder, der heilige Nikolaus beschenkt sie. Krampusse treten auch in Gruppen auf.

In den meisten Gegenden von **Deutschland** begleitet Knecht Ruprecht den heiligen Nikolaus, ähnlich wie der Krampus. Aber er tritt auch oft alleine auf. Dann hat er eine Rute und einen Sack voller kleiner Geschenke dabei und trägt einen roten Mantel mit Mütze. Als Weihnachtsmann begleitet er am Heiligen Abend das Christkind. Sie bringen die Weihnachtsgeschenke.

Aufgaben → S. 183 Lerntagebuch → S. 185

Die Zwölf mit der Post

Die Turmuhr schlug gerade zwölf Mal. Es war Mitternacht, als der Kutscher die Pferde vor dem Stadttor anhielt. Der Wächter der Stadt öffnete die Tür der Postkutsche: „Alle Reisenden, die in die Stadt wollen, müssen sich ausweisen und erklären, welche Waren sie mitbringen!“ „Mein Ausweis“, sagte der Erste, der aus der Kutsche stieg.

Er trug einen warmen Mantel und einen Schal um den Hals. Eine Pelzmütze zum Schutz vor der Kälte hatte er tief ins Gesicht gedrückt. Er sagte: „In meinem Koffer habe ich viele gute Wünsche und Hoffnungen für das neue Jahr!“

Der Zweite sprang aus dem Wagen. „Narri, Narro!“, schrie er und tanzte im Kreis. „Ich bringe die närrische Zeit.“

Der dritte Reisende hatte einen Narzissenstrauß am Hut stecken. Er deutete nach oben und sagte: „Sie kündigen den Frühling an!“

„Schneller, schneller!“, drängelte der vierte Reisende. „In der Wache gibt es Punsch für alle.“ Der Wächter traute seinen Ohren nicht, als er das hörte. Das mit dem Punsch war nämlich gelogen.

Der vierte Reisende wollte die anderen nur in den April schicken.

Nun stieg eine junge Dame aus dem Wagen. Ihr leichtes Frühlingskleid duftete nach Maiglöckchen.

Danach stieg ein Geschwisterpaar aus. Eine junge Frau mit Rosen im Haar stellte sich vor: „Ich heiße Juno und das ist mein Bruder Julius. Wo ist hier der Badesee?“

Als nächste Reisende zwängte sich eine dicke Bäuerin aus dem Wagen. Sie hatte einen großen Sonnenhut auf und sagte: „Ich heiße Augusta und hoffe auf reiche Ernte.“

Jetzt stieg ein Maler aus. Mühsam holte er seine schweren Koffer heraus und erklärte: „Viele Farben sind darin. Ich will alle Blätter bunt bemalen.“

Dann sprang zuerst ein Hund heraus. Ihm folgte der Jäger, dem er gehörte. Über seiner Schulter trug er das Gewehr. In seiner Tasche hatte er Nüsse, und Weintrauben trug er in der Hand.

„Hatschi!“ Ein riesiges Taschentuch verhüllte die Nase des nächsten Reisenden. Er brachte einen tüchtigen Schnupfen mit.

Zuletzt kletterte ein altes Mütterlein aus der Kutsche. Sie trug im Arm einen Blumentopf mit einem kleinen Tannenbäumchen. „Das wächst noch!“, sagte sie. „Es hat ja noch ein ganzes Jahr Zeit!“

Nachdem alle ihren Namen genannt hatten, erklärte der Wächter: „Alles in Ordnung! Alle dürfen in die Stadt. Aber die Ausweise behalten wir hier, bis jeder wieder abreist. Dann bekommt jeder seinen Pass zurück, aber mit einem Eintrag, wie gut oder schlecht er sich benommen hat.“

Nach Hans Christian Andersen

Winterbild

Ich male ein Bild,
ein schönes Bild,
ich male mir den Winter.
Weiß ist das Land,
schwarz ist der Baum,
grau ist der Himmel dahinter.

Sonst ist da nichts,
da ist nirgends was,
da ist weit und breit nichts zu sehen.
Nur auf dem Baum,
auf dem schwarzen Baum
hocken zwei schwarze Krähen.
Aber die Krähen,
was tun die zwei,
was tun die zwei auf den Zweigen?
Sie sitzen dort
und fliegen nicht fort.
Sie frieren nur und schweigen.

Wer mein Bild besieht,
wie's da Winter ist,
wird den Winter durch
und durch spüren.
Der zieht einen dicken Pullover an
vor lauter Zittern und Frieren.

Josef Guggenmos

Aufgaben ⇢ S. 184 Lerntagebuch ⇢ S. 185

Frühling

Eines Morgens
ist der Frühling da.
Die Mutter sagt,
sie riecht ihn in der Luft.

Pit sieht den Frühling.
An den Sträuchern im Garten
sind hellgrüne Tupfen.

Anja hört den Frühling.
Neben ihr, auf dem Dach,
singen die Vögel.

Unten vor dem Haus
steigt Vater in sein Auto.
Er fühlt den Frühling.
Die Sonne scheint warm
auf sein Gesicht.

Aber schmecken
kann man den Frühling
noch nicht.
Bis die Erdbeeren reif sind,
dauert es noch lange.

Christine Nöstlinger

Aufgaben ⇢ S. 184 Lerntagebuch ⇢ S. 185

Zwölf Ostereier

Der Osterhase hat über Nacht
zwölf Ostereier in unsern Garten gebracht.
Eins legte er unter die Rasenbank,
drei zwischen das grüne Efeugerank,
vier lagen im Hyazinthenbeet,
drei, wo die weiße Narzisse steht,
eins weit oben auf dem Ast.
Da hat sicher die Katze mit angefasst!

Carl Ferdinand van Vleuten

Ein Osterhase

Ein
Osterhase
sah hinter einem
parkenden Auto auf
der Landstraße das rote
Dreieck stehen. „Ei, ei!", sagte
der Osterhase. „Unterstehe dich!",
rief das Dreieck. „Rühr mich nicht an! Was
bleibt von mir übrig, wenn du ..." „Ein Dreck!",
sagte der Osterhase, nahm das Ei und ging davon.

Mira Lobe

Zum Muttertag

Wir wären nie gewaschen
und meistens nicht gekämmt,
die Strümpfe hätten Löcher
und schmutzig wär' das Hemd.

Wir äßen Fisch mit Honig
und Blumenkohl mit Zimt,
wenn du nicht täglich sorgtest,
dass alles klappt und stimmt.

Wir hätten nasse Füße
und Zähne schwarz wie Ruß
und bis zu beiden Ohren
die Haut voll Pflaumenmus.

Wir könnten auch nicht schlafen,
wenn du nicht noch mal kämst
und uns, bevor wir träumen,
in deine Arme nähmst.

Und trotzdem! Sind wir alle
auch manchmal eine Last:
Was wärst du ohne Kinder?
Sei froh, dass du uns hast.

Eva Rechlin

Aufgaben ⇢ S. 184 Lerntagebuch ⇢ S. 185

Sommer

Weißt du, wie der Sommer riecht?
Nach Birnen und nach Nelken,
nach Äpfeln und Vergissmeinnicht,
die in der Sonne welken,
nach heißem Sand und kühlem See
und nassen Badehosen,
nach Wasserball und Sonnencrem',
nach Straßenstaub und Rosen.

Weißt du, wie der Sommer schmeckt?
Nach gelben Aprikosen
und Walderdbeeren, halb versteckt
zwischen Gras und Moosen,
nach Himbeereis, Vanilleeis
und Eis aus Schokolade,
nach Sauerklee vom Wiesenrand
und Brauselimonade.

Weißt du, wie der Sommer klingt?
Nach einer Flötenweise,
die durch die Mittagsstille dringt,
ein Vogel zwitschert leise,
dumpf fällt ein Apfel in das Gras,
ein Wind rauscht in den Bäumen,
ein Kind lacht hell, dann schweigt es schnell
und möchte lieber träumen.

Ilse Kleberger

Aufgaben ⇢ S. 184 Lerntagebuch ⇢ S. 185

Wenn ein Löwe in die Schule geht, S. 166

Lesetipp 10 – Gedichte laut sprechen (siehe Seite 191)
Lies jedes Gedicht laut. Erst dann bemerkst du deutlich, wie es klingt und was es sagen will. Du kannst selbst weitere Strophen schreiben.

1. Bildet Gruppen und lest euch die Strophen gegenseitig vor. Findet heraus, wo die Reimwörter stecken.
2. Schreibt eigene Strophen darüber, was eine Katze, ein Hund oder ein anderes Tier lernt, wenn es in die Schule geht.

Der Herbst steht auf der Leiter, S. 167

Lesetipp 11 – Auswendiglernen (siehe Seite 191)
Sprich immer laut mit, wenn du ein Gedicht auswendig lernst.
Schreibe dir in jeder Zeile eine Erinnerungshilfe auf, z. B. das erste und das letzte Wort (= Reimwort).
Du kannst auch etwas dazu malen.
Verdecke mit einem Blatt immer mehr deiner Hilfen, bis du alles auswendig kannst.

1. Lerne das Gedicht auswendig.
2. Tragt es in der Klasse vor. Wechselt euch nach jeder Strophe ab.
3. Male ein Bild von einem Herbstbaum, der sich allmählich verfärbt.

Der Wind vor dem Richter, S. 168

1. Lest den Text mit verteilten Rollen.
2. Findet die Reimwörter.
3. Spielt die Szene mit verteilten Rollen.

Bruder Jakob, S. 169

1. Lest die Strophe in deutscher Sprache und singt das Lied im Kanon.
2. Sucht ähnliche Wörter in den verschiedenen Sprachen.
3. Im Internet findet ihr das Lied in vielen weiteren Sprachen. Findet die Wörter für Bruder und Glocken in anderen Sprachen.
4. In welcher Sprache gefällt euch das Lied am besten?

Nikolauslegende, S. 170

1. Bildet Gruppen. Lest gemeinsam den Text.
2. Erzählt nach, was in der Nikolauslegende passiert.
3. Du hast jetzt elf Lesetipps kennengelernt (siehe Seite 186). Welche haben dir bei diesem Text geholfen?

Nikolausgedicht, S. 171

1. Was verspricht das Kind dem Nikolaus?
2. Schreibe das Gedicht um zu einem Nikolausbrief.

Der Adventskalender, S. 172

1. Erklärt eurem Partner das Wort Advent.
2. Schreibt zu den Adventskalendern aus dem Text Stichwörter auf.
3. Bastle einen eigenen Adventskalender.

Wer kommt zur Weihnachtszeit?, S. 173

1. Welcher Weihnachtsgestalt bist du schon begegnet? Erzähle davon.
2. In Europa gibt es noch weitere Weihnachtsgestalten. Informiere dich im Lexikon oder im Internet.

Die Zwölf mit der Post, S. 174 – 176

1. Wer sind die Zwölf mit der Post? Woran erkennst du sie?
2. Macht aus dem Text ein kleines Theaterspiel. Ein Sprecher erzählt, die anderen Personen verkleiden sich und treten nacheinander auf.

„Winterbild", „Frühling" und „Sommer", S. 177, 178, 181

1. Erzähle, was in dem Gedicht geschieht.
2. Was sieht und hört der Erzähler, was fühlt, riecht oder schmeckt er im Winter (… im Frühling … im Sommer)?
3. Male ein Bild zum Gedicht.
4. Was gefällt dir besonders gut an dieser Jahreszeit?

Ostern, S. 179

1. Hast du beim Ostereiersuchen schon einmal etwas Lustiges erlebt?
2. Gestalte ein farbiges Osterei nur mit dem Wort „Ei".

Zum Muttertag, S. 180

1. Wofür danken die Kinder ihrer Mutter? Wofür möchtest du danken?
2. Wenn dir das Gedicht gefällt, fertige ein Schmuckblatt davon an und trage es am Muttertag vor.

Zusatzaufgaben

1. Gestaltet ein Klassenplakat zum Thema Gedichte.
   Erklärt darauf wichtige Begriffe:
   - Was ist eine Strophe?
   - Was ist ein Reim?

   Schreibt euer Lieblingsgedicht dazu oder schreibt selbst Gedichte, z. B. ein Elfchen.
2. In diesem Kapitel kommen viele verschiedene Gedichte vor. Welches hat dir am besten gefallen und warum?

3. Das Kapitel heißt „Gedichte und Feste im Jahreskreis“.
Um welche Feste geht es in diesem Kapitel?
Welche Feste und Feiertage kennst du?

4. Feierst du mit deiner Familie noch andere Feste?
In welchem Monat sind sie? Erzähle.

Lesetraining

Sprecht die Zungenbrecher schnell und fehlerlos um die Wette.

Der Flugplatzspatz nahm auf dem Flugplatz Platz.
Auf dem Flugplatz nahm der Flugplatzspatz Platz.

In Ulm und um Ulm und um Ulm herum wachsen viele Ulmen.

Zehn zahme Ziegen zogen zehn Zentner Zucker zum Zoo.

Lerntagebuch

Schreibe in dein Lerntagebuch, was du gelernt hast.
Stelle dir folgende Fragen zu den gelesenen Texten:

- Konnte ich den Text flüssig lesen?
- Habe ich den Text verstanden?
- Konnte ich die Aufgaben zum Text lösen?
- Wie finde ich den Text? Was möchte ich noch aufschreiben?

Schätze dich selbst ein: Male ☺ 😐 ☹.

Was möchtest du noch üben?

Hier ein Ausschnitt aus Hannas Lerntagebuch:

Bruder Jakob

- Zuerst habe ich den deutschen Text auswendig gelernt. ☺
- Wir haben versucht, das Lied als Kanon zu singen. 😐
- Danach haben wir ähnliche Wörter in den verschiedenen Sprachen gesucht: Bruder, Broder und brother sind fast gleich. Im Internet fand ich das Lied in vielen Sprachen. ☺

Lesetipp 1 – Genaues Lesen

Lies nicht zu schnell. Stelle dir nach jedem Satz vor, was geschieht.
Frage nach, wenn du etwas nicht verstehst.
Du kannst dich auch im Wörterbuch oder Internet informieren.

Die Anwendung von Lesetipp 1 am Text „Allein mit der Bahn“, S. 10:

Allein mit der Bahn

Linus lebt mit seiner Mutter in Berlin. Gestern war der letzte Schultag. Papa und Mama sind geschieden, deshalb darf Linus in der nächsten Woche Papa in München besuchen. „Ich werde allein mit dem Zug fahren“, verkündet er stolz seinem Freund Markus.

Bahnhof/Haltestelle	Datum	Zeit		Gleis	Produkte
Berlin Hbf (tief)	Sa, 19.04.	ab	08:40	2	ICE 1207
Halle (Saale) Hbf		ab	10:00	3	Bordrestaurant
Jena Paradies		ab	11:00	1	
Bamberg		ab	12:51	2	
Nürnberg Hbf		ab	13:28	8	
Ingolstadt Hbf		ab	14:01	3	
München Hbf	Sa, 19.04.	an	14:47	22	

Dauer: 6:07; fährt nicht täglich
Preis: ab 115,00 EUR bis 130,00 EUR 1 Erwachsener, 2. Klasse

Aufgaben → S. 16, 17 Lerntagebuch → S. 19

11

Stelle dir vor, was geschieht.

- Wo lebt Linus mit seiner Mutter?
- Wo lebt Papa ?
- Was macht Linus stolz?

Informiere dich im Wörterbuch oder Internet über Wörter, die du nicht verstehst:

- Produkt
- Bordrestaurant

Lesetipp 2 – Überschrift und Bilder beachten

Vor dem Lesen: Beachte die Überschrift und die Bilder zu einem Text.
Sie verraten dir viel über das, was in der Geschichte geschieht.

Die Anwendung von Lesetipp 2 am Text „Meine Füße sind der Rollstuhl“, S. 24:

Was sagt die Überschrift – „Meine Füße sind der Rollstuhl“?
Was ist auf den Bildern zu sehen?

1. Margit fällt das Anziehen schwer.

2. Margit kann nicht mitspielen.
Ein dicker Junge wird verspottet.

3. Margit überwindet mit Sigis Hilfe die Bordsteinkante.

4. Margit und Sigi sausen fröhlich die Straße hinunter.

Lesetipp 3 – Personen gut kennenlernen

Lerne jede wichtige Person in einer Geschichte gut kennen.
Beachte, was sie tut. Überlege, was sie denken könnte.

Die Anwendung von Lesetipp 3 am Text „Kapitän Kralle“, S. 53:

Schaffner: warnt vor Kapitän Kralle und lacht

drei Brüder: Jörg – der große Bruder – erzählt gerne Gruselgeschichten
Hans – der mittlere Bruder
Felix – der kleine Bruder – hat Angst bei Gruselgeschichten

Oma und Opa: wohnen auf Norderney

Kapitän Kralle: sagenhafter Seeräuber auf einem Geisterschiff

Junge: schlägt dem Kapitän die Hand ab und kann fliehen

Lesetipp 4 – Sachtexte verstehen

Stelle einem Partner Fragen zum Text, dann verstehst du selbst den Inhalt besser. Fotos und Modelle helfen dir beim Verständnis des Textes.

Die Anwendung von Lesetipp 4 am Text „Ebbe und Flut“, S. 58:

Die Fotos zeigen den Bootshafen bei Ebbe und Flut. Ich war noch nie am Meer. Ich konnte mir das nicht vorstellen.

Wir haben das Modell selbst gebastelt. So konnten wir uns gut vorstellen, dass sich die Erde dreht und Ebbe und Flut zweimal am Tag wechseln.

Was hat Ebbe und Flut mit dem Mond zu tun?
Warum ist zweimal am Tag Flut?

Jeder stellt Fragen zum Text. So konnten wir den Text selbst besser verstehen.

Lesetipp 5 – Eigene Kenntnisse einbringen

Was weißt du schon über das Thema? Hast du eigene Erfahrungen?
Deine Kenntnisse nutzen dir und auch deinen Mitschülern.

Die Anwendung von Lesetipp 5 am Text „Der Computer-Arbeitsplatz“, S. 62:

Ich kenne die Bezeichnungen:

- Monitor
- Rechner
- Tastatur
- Maus
- Drucker
- Scanner

Ich kann schreiben.

Ich kann Fotos suchen.

Ich kann Kinderseiten im Internet öffnen.

Lesetipp 6 – Umgang mit längeren Texten

Lies einen längeren Text in Abschnitten. Schreibe zu jedem Abschnitt eine Überschrift oder ein paar Stichwörter. So erhältst du einen Überblick über den ganzen Text.

Die Anwendung von Lesetipp 6 am Text „Ein Welpe kommt ins Haus“, S. 70:

Nach jedem Abschnitt überlege ich mir eine Zwischenüberschrift (A, B, C).

Dann halte ich wichtige Wörter (Stichwörter) fest.

A Wunsch nach einem Hund
- Ferienfotos
- Hund

B Die erste Begegnung
- Hundemädchen
- Wartezeit
- Heimfahrt

C Endlich ist es so weit
- Bella
- ...

Tipp 7

Lesetipp 7 – Auf fett gedruckte Wörter achten

Wichtige Wörter sind oft fett gedruckt, unterstrichen oder eingefärbt.
Das hilft dir, den Text besser zu verstehen.

Die Anwendung von Lesetipp 7 am Text „Die Rote Waldameise“, S. 97:

Die Rote Waldameise

Im Wald entdecken wir manchmal einen runden Haufen aus Tannennadeln und kleinen Holzstückchen. In diesem Hügel lebt ein **Ameisenvolk**. Dazu gehören eine oder mehrere Königinnen, etwa eine Million Arbeiterinnen und im Sommer auch einige Männchen, die Drohnen.

Arbeitsteilung

Die **Arbeiterinnen** legen Gänge und Kammern an. Die **Königin** legt ihre Eier hinein. Die Arbeiterinnen schaffen Nahrung herbei und pflegen die Brut. Außerdem verteidigen sie ihren Bau gegen Feinde. Sie beißen und spritzen ihr Gift in die Wunde. Für Menschen ist das ungefährlich. Es ist nur schmerzhaft. Die **Drohnen** (Männchen) sind für die Befruchtung der Königin wichtig. Eine Königin kann 20 Jahre alt werden und eine Million Eier legen. Aus den Eiern schlüpfen Larven. Daraus entwickeln sich die jungen Ameisen. Ameisen halten Winterschlaf.

Der Körper

Der **Körper** der Ameise besteht aus drei Teilen: Der **Kopf** trägt große Oberkiefer. Mit ihnen

Die **Zwischenüberschriften** nennen das Thema des Abschnittes.

Die **fett gedruckten Wörter** fallen besonders auf.

Es sind die wichtigen Stichwörter in einem Absatz.

Die Überschrift, die Zwischenüberschriften und die fett gedruckten Wörter zeigen auf einen Blick, wovon ein Text handelt.

Achtung! Im Buch darfst du aber nichts mit einem Textmarker markieren.

Tipp 8

Lesetipp 8 – Vorlesen

Sprich beim Vorlesen und Vortragen deutlich.
Beachte: Beim Punkt geht die Stimme nach unten, beim Komma nicht.
Mache nach jedem Satz eine Pause. Achte auch auf das Fragezeichen und das Ausrufezeichen.

Die Anwendung von Lesetipp 8 am Text „Der gestiefelte Kater“, S. 105:

Sprachmelodie

Du kannst die Sprechstimme mit einer Melodie vergleichen.
Genau wie die Melodie eines Liedes ist die Sprechstimme nie eintönig.
Das würde die Zuhörer langweilen.

Die Satzzeichen helfen dir. Lies die Beispielsätze laut vor.

- Es war einmal ein Müller, der hatte drei Söhne.
- Kannst du dich in einen Löwen verwandeln?
- Zum Donnerwetter!

Pause zwischen den Sätzen

Tipp 9

Lesetipp 9 – Lesetagebuch führen

In einem Lesetagebuch könnt ihr den Inhalt des Textes, eure Gedanken, Meinungen und Ideen dazu aufschreiben. Es ist eine Erinnerungshilfe, um sich mit anderen über den Text auszutauschen.

Die Anwendung von Lesetipp 9 am Text „Nils Holgersson“, S. 139:

Die Klasse 2c hat beschlossen, „Nils Holgerssons wunderbare Reise“
von Selma Lagerlöf gemeinsam zu lesen.
Dann ist es gut, ein Lesetagebuch zu führen:
Legt einen Zeitraum von drei bis vier Wochen fest.
Teile deine Lesezeiten selbst ein
und schreibe nach jedem Leseabschnitt gleich auf,
was du dazu meinst. Ein kleines Heft eignet sich gut dafür.

Wenn alle das Buch fertig gelesen haben, sprecht ihr darüber.
Das Tagebuch ist eure Erinnerungshilfe. Ihr könnt die Lesetagebücher auch austauschen und andere Meinungen kennenlernen.

Vorschläge für Tagebucheinträge

- Welche Personen oder Tiere kommen vor?
- Erzähle den Leseabschnitt kurz nach.
- Male ein Bild dazu (Person, Tier, Ort ...).
- Schreibe eine Textstelle ab, die du besonders schön, spannend, lustig oder traurig findest.
- Notiere die Seitenzahl einer Stelle, die du vorlesen willst.
- Erzähle, was die Hauptperson gerade fühlt und denkt.

Kurz: Trage alles ein, was dir im Leseabschnitt gefällt oder nicht gefällt.
Gib immer die Seitenzahlen des Abschnitts an.

Personen und Tiere, die im Buch vorkommen

Nils Holgersson
die Eltern
das Wichtelmännchen (bis S. 147)

1. Leseabschnitt (Seite 139/140)

Ich finde Nils richtig gemein, weil er die Tiere so ärgert und den Eltern gar nicht hilft. Auch beim Wichtelmännchen glaubt er, dass er es ärgern kann.

Lesetipp 10 – Gedichte laut sprechen

Lies jedes Gedicht laut. Erst dann bemerkst du deutlich, wie es klingt und was es sagen will. Du kannst selbst weitere Strophen schreiben.

Die Anwendung von Lesetipp 10 am Gedicht „Wenn ein Löwe …“, S. 166:

Wenn du das Gedicht mehrfach laut gelesen hast, kannst du dir überlegen, wie es aufgebaut ist. Danach kannst du versuchen eigene Strophen zu dichten.

1. Das ist die Einleitung zu jeder Strophe:

   „Wenn ein Löwe in die Schule geht,
   lernt er:“

2. Dann folgen vier Zeilen mit Reimen am Zeilenende, die erzählen, was der Löwe lernt:

   „brüllen und schleichen
   und mit weichen
   Tatzen
   kratzen.“

3. Anstatt „Löwe“ könnte in deiner Einleitung Spatz, Floh, Drache oder etwas Ähnliches stehen.
4. Suche dann zu deiner Einleitung die 4 Zeilen mit Reimen am Zeilenende, die beschreiben, was das Tier in der Schule lernt.

Lies die Strophe einem Partner vor und lass den Tiernamen aus. Kann er erkennen, wer gemeint ist?

Lesetipp 11 – Auswendiglernen

Sprich immer laut mit, wenn du ein Gedicht auswendig lernst.
Schreibe dir in jeder Zeile eine Erinnerungshilfe auf, z. B. das erste und das letzte Wort (= Reimwort). Du kannst auch etwas dazu malen.
Verdecke mit einem Blatt immer mehr deiner Hilfen, bis du alles auswendig kannst.

Die Anwendung von Lesetipp 11 am Gedicht „Der Herbst steht auf der Leiter“, S. 167:

Erklärung wichtiger Begriffe

Der Herbst steht auf der Leiter
und malt die Blätter an,
ein lustiger Waldarbeiter,
ein froher Malersmann.
— **Strophe**

Der Herbst steht auf der Leiter — **Vers**

… Leiter
Waldarbeiter
… an
Malersmann
— **Reim**

Erinnerungshilfe mit Bildern

Der Herbst … 

 … 

ein lustiger … 

ein froher … 

Er kleckst …

Werkstatt: Das Darstellende Spiel

Ihr könnt einen Text mit selbst gebastelten Figuren wie im Puppentheater oder als Rollenspiel auf einer Bühne spielen.

1. **Wir machen ein Figurenspiel:** „Drei Ameisen und der Elefant“ auf Seite 22

Zuerst lesen wir den Text. Wir überlegen:

- Welche Figuren kommen in der Geschichte vor?
- Wie muss der Hintergrund aussehen?
- Brauchen wir einen Erzähler?
- Was brauchen wir zum Basteln?

Dann werden die Figuren der drei Ameisen gebastelt. Der Elefant wird als Hintergrund auf einen großen Karton gemalt.
Lara wird die Erzählerin.
Emre, Max und Elias spielen jeder eine Ameise.

Gemeinsam üben wir: Wer muss wann etwas sagen?
Wie spielt man am besten mit den Stabfiguren?

Zum Schluss spielen wir die Geschichte den anderen vor.

2. **Wir spielen einen Text mit verteilten Rollen**: „Der gestiefelte Kater“ auf Seite 105

- Die Lehrerin teilt die Klasse in fünf Gruppen ein.
- Jede Gruppe liest ihre Szene erst einmal gemeinsam.

> *Der gestiefelte Kater*
>
> **Das Erbe des Müllers** (1.Szene)
> = Erzähler, = jüngster Sohn, = Kater
>
> 1 Es war einmal ein Müller, der hatte drei Söhne.
> Der Müller besaß eine Mühle, einen Esel und einen Kater.
> Als er starb, erbte der älteste Sohn die Mühle,
> der nächste bekam den Esel und der jüngste Sohn erhielt den Kater.

- Dann werden die Rollen verteilt.
- Anschließend üben wir das Lesen mit verteilten Rollen.
- Zum Schluss lesen alle Gruppen nacheinander vor.

Ihr könnt die Texte auch auswendig lernen und das Spiel am Klassenfest vorführen.

Werkstatt: Sachwörter-Lexikon

Absatz	Ein Absatz oder Abschnitt ist ein Teil eines Textes. Zwischen zwei Absätzen steht eine leere Zeile.
Autor / Autorin	Der Autor hat die Geschichte, das Gedicht geschrieben. Den Namen des Autors findest du auf dem Buchdeckel oder am Ende eines Textes.
Bildergeschichte	In einer Bildergeschichte wird eine Geschichte in Bildern erzählt. Es gibt Bildergeschichten mit und ohne Text.
Dialog	Ein Dialog ist ein Gespräch zwischen mindestens zwei Personen. Oft stehen die Namen oder die Bilder der Sprecher vor dem Text.
Gedicht	Ein Gedicht besteht aus Textzeilen. Diese nennt man Verse. Oft reimen sie sich.
Geschichte	Eine Geschichte ist ein Text, in dem etwas erzählt wird. Es gibt eine Handlung und Personen oder Tiere, die etwas tun und etwas sagen, z. B. Endlich Reitstunden!, Seite 78.
Hörbuch	In einem Hörbuch lesen Sprecher etwas vor. Oft werden die Texte von Musik oder Geräuschen begleitet.
Kapitel	Ein Kapitel ist ein Teil des Buches. Meistens haben Kapitel eine Überschrift.
Lexikon	Ein Lexikon ist ein Buch, in dem man Erklärungen für Dinge oder Wörter nachschlagen kann.
Märchen	Märchen sind Geschichten, die nicht wahr sind. Oft kommen Prinzessinnen, Zauberer und Hexen darin vor. Märchen beginnen meist mit den Worten „Es war einmal …“, z. B. Frau Holle, Seite 113.
Sachtext	In einem Sachtext werden Dinge und Lebewesen kurz und knapp beschrieben, ohne dass jemand schreibt, was er darüber denkt.
Titel	Jedes Buch hat einen Namen. Dieser Namen wird Titel genannt. Er soll Lust machen, das Buch zu lesen.
Zeile	Eine Reihe in einem Text nennt man Zeile.

Quellenverzeichnis

Hans Christian Andersen	Die Zwölf mit der Post. Aus: Rowohlt Verlag 1974
Elke Bräunling	Jule und der Wunderstein. Von: elkeskindergeschichten.blog.de © Elke Bräunling 2013
Irmela Brender	Ich bin ich. Aus: Gedichte für Anfänger. © Rowohlt Verlag 1980 Kartengrüße aus den Ferien. Aus: War einmal ein Lama in Alabama. © Verlag Friedrich Oetinger 2001
Oskar Dreher	Der Wind vor dem Richter. Aus: Jojo Lesebuch. © Cornelsen Verlag 2006
Ecki	Ohne Worte: Der Lindwurm, Gute Freunde, Die Rettung. © Ecki 2014
Carl Ferdinand van Vleuthen	Zwölf Ostereier. Aus: Droemer Verlag 1990
Cornelia Funke	Das beste Fundstück. Aus: Strandgeschichten. © Löwe Verlag Bindlach 1999
Josef Guggenmos	Winterbild. © Josef Guggenmos
Peter Hacks	Der Herbst steht auf der Leiter. Aus: Der Flohmarkt. Gedichte für Kinder. © Eulenspiegel Verlag 2011
Becca Heddle	Joshi, der Steinmetz. © Oxford Press 2011 / Mildenberger Verlag 2013
Franz Josef Huainigg	Meine Füße sind der Rollstuhl. © Franz Josef Huainigg
Werner Halle	Gemüseball. Aus: Bilder und Gedichte für Kinder. © Westermann Verlag 1971
Gottfried Herold	Klassenspiegel. Aus: ABC und Tintenklecks. © Reclam Verlag 2013
Friedl Hofbauer	Was ist eine Wiese? Aus: ABC und Tintenklecks. © Reclam Verlag 2013 Wenn ein Löwe in die Schule geht. © Friedl Hofbauer
Dimiter Inkiow	Die Torte. Aus: Ich und meine Schwester Klara. © Erika Klopp-Verlag 2004
Ilse Kleberger	Sommer. © Ilse Kleberger
Rosemarie Künzler-Behncke	Kai will nicht zum Kaufmann gehen. Aus: Meine liebe Fibel. © Kamp Verlag Bochum 1972
Selma Lagerlöf	Nils Holgersson. Aus: Nils Holgerssons wunderbare Reise durch Schweden. © Cecilie Dressler Verlag 1991
Mira Lobe	Ein Osterhase. Aus: Das Osterbuch. © Oldenbourg München 1999
Christine Nöstlinger	Frühling. © Christine Nöstlinger 1972 Worüber der Franz unzufrieden ist. Aus: Fernsehgeschichten vom Franz. © Verlag Friedrich Oetinger 1994 Wie Franz das Piepsen besiegte. Aus: Allerhand vom Franz. © Verlag Friedrich Oetinger 1991
Eva Rechlin	Zum Muttertag. Aus: Glück und Segen. © Mosaik Verlag München 1964
Renate Welsh	Nina und das Gänseblümchen. © Renate Welsh
Weltgesundheitsorganisation (WHO)	Statistik zu Hunger und Armut in Indien. Von: www.who.org. 2011
Ursula Wölfel	Die Geschichte vom Schmetterling. Aus: Siebenundzwanzig Suppengeschichten. © Ellermann 2002

Notensatz

Susanne Höppner, 23992 Neukloster
S. 169: Bruder Jakob, Text und Melodie: volkstümlich aus Frankreich